AF503409

LE   DE
POR LA
RAIT REINE
Polo Cæli medio
Lombart fe.

Y 37 56   (Réserve)

grand-papier.

LE PORTRAIT

DE LA

REYNE.

Par Monsieur DE LA SERRE
Conseiller du Roy en ses
Conseils & Historiographe
de France.

A PARIS,

Chez PIERRE TARGA, Imprimeur
ordinaire de l'Archeuesché de Paris,
ruë Saint Victor, au Soleil d'Or.

M. DC. XXXXIV.
AVEC PRIVILEGE DV ROY.

La vertu luy tient le miroir
Mais Ellemesme en est la glace
Puis quelle seule nous fait voir
Tous les traits qui sont sur sa face
P. de la Serre.

A
LA REYNE
REGENTE.

ADAME,

*Ie sçay bien que les plus
fameux Peintres de l'Eu-
rope s'etudient également*

EPISTRE.

d'vn ſoin ialoux, à nous
repreſenter Vôtre Ma-
ieſté, dans le plus haut
éclat qui l'enuirone: Mais
quelque grande que ſoit
leur reputation, i'oſe ſoûtenir, que la Poſterité
vous cônoitra plutôt aux
traits de ma plume, qu'à
ceux de leur Pinceau,
puis qu'elle peut depein-
dre vôtre Vertu, qui doit
conſeruer

EPISTRE.

conseruer eternellement
toutes les marques de vô-
tre ressemblance. Ie laisse
la liberté à ces ingenieux
Artisans de nous faire
voir quelque foible crayon
des douceurs & des graces
qui sont nées auec vous,
& qui font vne partie de
vous-méme ; mais de tirer
vôtre Maiesté sur le Por-
trait que la voix publique

EPISTRE.

en a dé-ia fait en mille
lieux ; ce doit estre un
ouurage de ma façon, ou
leur industrie ne sçauroit
attaindre. Il est vray, la
pensée en est temeraire,
mais le dessein n'en est pas
moins glorieux : Ie veux
que mon art plus puissant
que le Destin, force le vôtre à vous exempter de la
mort ; quoy que les loix en

soient inuiolables, & que
par vne inuention propor-
tionée à vôtre merite, & à
mon audace, vous treu-
uiez dans ce Liure vne
nouuelle source de vie, qui
dure autant que l'Vni-
uers. Ce n'est pas que vos
actions, toutes heroïques,
n'ayent d'elles-mémes céte
vertu de vous exempter
du tombeau; mais ce sont

elles auſſi, *MADAME,*
qui me fourniſſant de ma-
tiere à paracheuer ce Portrait, me donnent auiour-
d'huy le moyẽ d'en eterniſer la durée, pour vous faire reuerer ſur toute la terre, cõme l'vnique merueille des ſiecles à venir, apres
auoir eſté le plus riche
ornement du nôtre. Le ſeul
auantage qui me demeure,

EPISTRE.

c'eſt de me peindre moy-
méme le premier, en gra-
uant mon nom ſur cét ou-
urage, Mais comme les
marques du reſpect & de
l'obeïſſance que ie dois à
Vôtre Maieſté font en
cela toute ma gloire, ie ne
veux étre connu que par
la qualité que ie porte,

MADAME,

De ſon tres-humble, tres-obeïſſant,
& tres-fidelle ſeruiteur & ſujet.
PVGET DE LA SERRE.

PREFACE.

'Aprehende que la beauté de
ce Portrait n'excite d'abord
la Modeſtie de nôtre Au-
guſte Reyne à rougir de
ſon éclat, n'ayant iamais
fait reflection ſur les rares
qualitez qu'elle poſſede; mais
comme ie les ay repreſentées au naturel
auec plus de verité que d'artifice, Elle peut ce
me ſemble arreſter innocement les yeux ſur
cét ouurage, de méme que ſur vn miroir, puis
qu'elle n'y verra dedans que les vertus qu'elle
a déja miſes en pratique. Ses paroles & ſes
actiõs m'ont ſeruy en ce deſſein, & de couleur
& de pinceau, ayant redit les vnes apres elle,
pour en eterniſer le ſouuenir, & mis au iour

PREFACE.

les autres pour en laiſſer l'admiration à toute la terre. Son Regne me paraît ſi glorieux,
& ſa façon de viure ſi Heroïque, que i'ay creû
étre obligé de la dépeindre ſi viuement dans
ce Liure que les ſiecles à venir peuſſent auoir
l'honneur de la connoître, quoy qu'ils ſoient
priuez du plaiſir de la voir.

D'ailleurs n'eſt-il pas iuſte qu'ayant le
bon-heur de reſpirer ſous l'agreable ioug de
ſon Empire, i'en repreſente les félicitez, puis
que i'en goûte les douceurs. On ne voit pas
tous les iours des Reynes comme elle, dont
la vertu ſoit auſſi conſiderable que la naiſſance. Ce n'eſt pas que céte Auguſte Maiſon
d'Auſtriche, n'ait produit beaucoup de Princeſſes qui ont eu le bon-heur de porter ſon
nom, & de poſſeder des qualitez dignes des
loüanges publiques. Mais quelque grande
qu'ait été leur reputation, elles n'ont remporté d'autre auantage ſur nôtre digne Reyne,
que celuy d'auoir paru les premieres ſur le
trône où leur condition Souueraine les
éleuoit.

I.   Ie ſçay bien qu'ANNE d'Auſtriche
Fille d'Albert Empereur, & Femme en premieres nopces de Herman ſurnômé le Long,

Marquis

PREFACE.

Marquis de Brandebourg, & en secondes de
Henry sixiéme dernier Duc de Preslaie en
Silesie, fut en estime de la plus genereuse
Princesse de son siecle.

II.

Qu'ANNE, Fille de l'Archiduc Frede-
ric, surnommé le Beau, femme de Vensislaüs
Roy de Pologne a laissé vne memoire eternelle de sa Pieté, dans le Monastere où elle
passa les iours de sa viduité auec soixante
Damoiselles de condition qui l'imiterent en
vne entreprise, & si sainte, & si glorieuse.

III.

Qu'ANNE, Fille d'Albert second Empereur, mariée auec Guillaume Duc de Saxo-
nie, se rendit si considerable dans ses mal-
heurs, par sa Patience extraordinaire, qu'elle
tira des loüanges de la bouche méme de ses
ennemis.

IV.

Qu'ANNE, Fille de Ferdinand premier Empereur, femme d'Albert quatriéme
Duc de Bauieres, obligea les plus grands
esprits de l'Europe a donner mille éloges
à sa Bonté.

V.

Qu'ANNE, Fille de Maximilian second Empereur, qui fut mariée à Philippes
second Roy d'Espagne, a éternisé sa memoire
par celle de sa Iustice.

PREFACE.

VI   Qu'ANNE, Fille de Maximilian fecond a rendu fon nom fi venerable à la pofterité par fon Humilité incomparable qu'elle furuit miraculeufement à foy-méme.

VII.   Qu'ANNE fa Sœur, femme de l'Archiduc Roy de Hongrie, & de Boheme, & depuis Empereur, fut & pour fa Clemence, & pour fa Chafteté, l'ornement de fon fexe.

VIII.   Qu'ANNE ; Fille de l'Archiduc Charles frere de Maximilian fecond, qui fut mariée à Sigifmond troifiéme Roy de Pologne, & de Suede, nous a laiffé de fi beaux exemples, & de fa Temperance & de fa Modeftie, qu'ils feruent aujour-d'huy de leçon aux plus parfaites du monde.

IX.   Qu'ANNE, Fille de Ferdinand fecond Empereur, nous fait voir par auance dans fa jeuneffe vn efprit fi folide, & vn iugement fi raffis, qu'elle tient defia fon rang entre les plus Sages Princeffes de la Terre.

X.   Qu'ANNE, Fille de Ferdinand troifiéme Empereur, paraît déja fi parfaite aux yeux de tout le monde, qu'on peut dire hardiment fans la flatter que fon merite n'a pas moins d'éclat que fa naiffance.

XI.   Qu'ANNE, Fille de Philippes qua-

PREFACE.

triéme Roy d'Efpagne, nous a laiffé en paf-
fant vne precieufe memoire, & defon nom,
& de fa vie, par les belles qualitez dont le
Ciel auoit pris plaifir de la combler.

Mais perfonne ne peut douter auffi que XII.
nôtre grande Reyne, qui fait la douziéme
Princeffe de ce nom fi fameux, & de céte
Maifon fi Augufte, n'ait toutes les vertus
que les autres ont poffedées feparément. Ce
qui me reprefente la verité du fonge de Io-
feph, quand il vit en dormant douze gerbes
de bled, dont l'vne paraiffoit éleuée de beaucoup fur les autres : Car ie puis dire fans paffer plus auant, dans le fens miftique de céte
vifion ; que comme ce douziéme fils de Iacob fut fans difpute, le plus heureux de tous
fes freres, que de méme nôtre Augufte Reyne eft fans flaterie la plus parfaite de toutes
celles qui l'ont deuancée.

Et puis que le deuoir de ma charge m'engage maintenant à rappeller fes iours paffez,
pour en faire éclatter de nouueau la lumiere
aux yeux de l'Vniuers, il falloit de neceffité
que ie vous fiffe voir auec ce Portrait la premiere partie de fon Hiftoire, en attendant
que ie trauaille à celle de fa Regence, dans la

refolution où ie fuis, de rendre conte à la
Pofterité des precieux momens d'vne fi belle
vie. Ie fçay bien qu'en vne entreprife fi glorieufe tous les Hiftoriens du monde feront
mes riuaux ; mais cét auantage me demeu-
rera toujours, de leur auoir feruy d'exemple
à publier les actions Heroïques d'vne Princeffe qui n'en aura iamais.

LE

LE
PORTRAIT
DE LA REYNE.

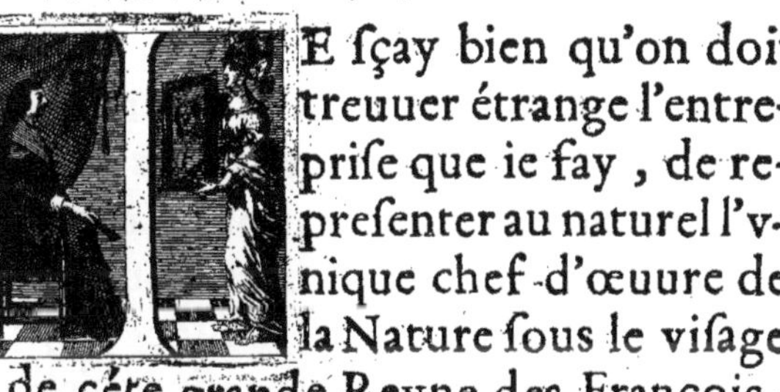

E ſçay bien qu'on doit treuuer étrange l'entrepriſe que ie fay , de repreſenter au naturel l'vnique chef-d'œuure de la Nature ſous le viſage de céte grande Reyne des François ; puiſque les moindres de ſes traits ſont autant de rayons dont l'éclat éblouït tout le monde. Quelle aparence de tirer au vif toutes les perfections

A

chacune dans son trône ? Qui me fournira de pinceau , & où treuueray - je des couleurs pour en faire le Portrait , si la Nature n'en a pû metre au jour l'original que par le dernier effort de sa puissance ? Il étoit bien permis à Apelles de dérober tous les traits de la Beauté dans les beaux visages de la Grece, pour faire de tous ensemble le portrait de sa Venus ; Mais sur quel front chercheray-je la majesté que tout le monde reuere auec admiration sur celuy de nôtre digne Reyne ; si la grandeur de l'vne est celle de l'autre , & que toutes deux soient hors de comparaison ? En quel autre sujet treuueray-je les douceurs & les graces qui sont nées auec elle , si le moule en est rompu , afin qu'elle même soit toûjours leur exemple ?

De tirer en relief céte grande Princesse, il n'ét point de matiere digne de cét employ ; car de la jéter en

fer ou en cuiure, quelle aparence fi
elle nous produit vn fiecle d'or ? Ie
fçay bien que Steficrate eût la penfée de faire vn Alexandre du mont
Athos : Mais quand i'aurois le pouuoir d'executer fon deffein en faueur
de céte Reyne incomparable , quel
raport auroit la figure à l'original, fi
toute la terre enfemble me paraît
trop petite pour contenir feulement
la gloire de fon nom ? Confeffons
donc hardiment que l'Art n'ét pas
affez ingenieux pour imiter la Nature
dans vn fi haut deffein, & que la Perfection même, fe laiffant admirer aujourd'huy fous le vifage de nôtre
grande Reyne, fon corps ne fait point
d'ombre capable de la reprefenter ;
Ie veux dire que tous les diuers por-
traits qu'on tireroit aprés elle fe-
roient voir le défaut de l'ouurier
dans fa temerité, plutôt que la perfection de l'ouurage en fa reffemblance.

A ij

Ce qui m'oblige de prendre vne
autre visée sans changer d'objet ; &
d'vne industrie toute nouuelle, representer si parfaitement céte grande
Reyne sans couleur & sans pinceau ,
que la Posterité la connoisse en son
absence aux traits de sa vertu , plutôt
que de son visage , puisque ceux-cy
releuent du tems , & que les autres
sont à l'épreuue des siecles.

Ouy, c'ét sa vertu seule qui la peut
dépeindre au naturel auec tous les ornemens dont le Ciel plutôt que la Nature l'a si richement pourueuë : Et
comme les qualitez de son ame ne diferent point d'elle même , ie veux representer l'vne par les autres : Ie veux
dire céte A N N E adorable par les
glorieuses actions de sa vie, comme
autant d'images & d'expressions de
son esprit tout diuin, & digne veritablement de l'estime des Anges.

Mais de quelle sorte exprimeray-je

les qualitez qui la rendent toute parfaite , ſi leur grandeur m'étonne , ſi
leur éclat m'éblouït , & ſi leur nombre me paraît infiny ? Les qualitez
de ſa naiſſance éclatent ſi fort dés le
berceau en Sceptres & en Coronnes;
que la plumè me tremble dans la main
à force de reſpect :celles de ſon eſprit
étans d'ailleurs ſans nombre , le mien
en demeure rauy par vn excez d'étonnement : & toutes les autres qu'elle
poſſede ſortans d'vne même ſource
de lumiere , m'impoſent de nouueau
tout à la fois & le reſpect des vnes , &
l'admiration des autres dans l'éblouïſ-
ſement où elles tiennent toûjours mes
ſens humiliez. De ſorte que dans la
confuſion où ie me treuue , il ſemble
que ie voye finir mon entrepriſe auant
qu'elle ſoit commencée.

Que dis je ? le deſordre où ie ſuis
me paraî ſi agreable , que i'en ayme le
dédale. Quel plaiſir de s'égarer dans

vn parterre enrichy de mile ſortes de
fleurs diferentes en toutes choſes fors
qu'en beauté ? I'en ſuis reduit à ce
point là. Les vertus de céte Reyne
toutes égalles en grandeur, quoy que
diferentes en eſpece, m'atirent toutes à la fois à leur admiration auec
vne agreable violence : Mais comme
ie ne ſçaurois faillir dans le choix des
choſes parfaites, il ne m'importe par
où ie commence vn ouurage à qui la
matiere ſeule donne le prix, plutôt
que l'induſtrie de l'ouurier.

SA PIETE.

CHAPITRE I.

SA Pieté ayant deuancé ſa raiſon, nous a fait voir qu'elle eſtoit née auec elle de ſource & d'origine. Ce n'ét pas que ſon inclination à pratiquer céte diuine Vertu ne ſoit vn don du Ciel plutôt qu'vne grace de la Nature; mais on remarque pourtant qu'elle y a pente & atache de ſoy-même par des voyes de ſang qui ne s'éfacent iamais, & auec des liens de

race dont l'eſtreinte eſt éternelle. En
effet céte grande Pieté qui reluit en
toutes ſes actions eſt celle-la même
de ſes Anceſtres, qui ont voulu joindre par vne ſainte alliance ce titre
d'Auguſte, qui leur eſt propre & affecté depuis tant de ſiecles, à celuy de
Catholique, dont ils font éclater les
marques en tous lieux.

Les Theologiens demeurent d'a-
cord que la Pieté eſt vne vertu purement diuine, qui n'a pour objet que
les choſes ſaintes & ſacrées, éloignées
du commerce des ſens. C'ét elle qui
par vn effort auſſi noble qu'ingenieux
nous détache heureuſement de nous-
mêmes pour nous éleuer au deſſus de
nôtre nature, & nous vnir de cœur
& d'eſprit à celuy ſeul qui eſt capable
de les remplir. Ouy c'ét elle qui nous
tenant toûjours enchénez aux pieds
des Autels de volonté & de penſée,
fait de tous les lieux que nous ocu-

pons

pons autant de Temples confacrez à
la gloire du Seigneur, où nous l'ado-
rons en fon immenfité par vne foy
fenfible à force de croire qu'il y eſt
prefent. Toutes les autres vertus, dit
Tertulien, retiennent quelque chofe
de la lumiere naturelle qui eſt propre
à l'homme; mais la Pieté feule, pourfuit-il, fe fait vne voye au delà des
Cieux pour y porter de l'Encens à celuy qui les a creés. C'eſt vne lampe qui
étant toûjours allumée au milieu des
cœurs, en éclaire les fentimens, joignant de cette forte fa lumiere à celle
de la raifon, pour leur feruir également de guide dans le chemin de nôtre falut.

C'ét cette vertu des Seraphins qui
éclatte fi viuement au milieu des flam-
mes amoureufes dont ils font toujours embrafés, puifque d'vne aćtion
continuelle ils s'offrent eux-mefmes
en hommage par vne redeuance de

creation, & de subsistence eternelle, à ce Dieu infiny, qui les remplissant de sa veuë , produit de ses seuls regards leur derniere felicité.

Vne ame vrayement pieuse vit plus au Ciel qu'en terre : son commerce est tout diuin , & des actions mémes qui releuent de nôtre condition , elle en épure tellement l'objet , qu'elle en change la nature, n'ayant iamais d'autre visée que la gloire de Dieu. C'est dans le continuel exercice de la Pieté que l'homme paroît immortel , puis qu'en trauaillant sans cesse à l'honneur de celuy qui l'a creé pour l'immortalité , il en fait voir toutes les marques dans ses actions. De sorte que s'éloignant de la mort, quoy qu'il s'en aproche à toute heure, il se produit peu à peu luy même dans l'eternité où il aspire, à force de soin de l'acquerir.

Que si iamais cette diuine Vertu a eu de l'Empire icy bas, il faut auoüer

que c'eſt dans l'ame de noſtre grande
Reyne, puis qu'elle l'y a fait regner abſolument auſſi tôt que la raiſon. Quelle merueille, que les premieres refle-
xions de ſon eſprit l'ayent rabaiſſé aux
pieds de l'autel du Seigneur, pour
luy rendre les premiers hommages
de ſa Pieté, en s'offrant luy-méme
dans toutes les penſées qu'il ſeroit capable de conceuoir. Et c'eſt cette Vertu qu'elle tient, diſ-je, de ſource &
d'origine, auſſi bien que d'inclination
& d'humeur, l'ayant puiſée de ſa Race
auec le ſang, de méme que de ſes habitudes auec l'exercice.

Ce qui m'oblige à faire cette remarque ſur ſa Maiſon ſi auguſte, que ce fameux Titre n'y a paru hereditaire que
depuis Rodolphe, ce pieux Monarque
dont la Pieté, en l'abaiſſant, a ietté de
ſi ſolides fondemens de ſon éleuation
ſur tous ſes deſcendans, qu'on peut
ſouſtenir hardiment que le trône de

l'Empire a esté iusques aujourd'huy vne place que la fortune leur a toûjours gardée par preferance à tous leurs Riuaux.

Ce n'est pas que dés l'an sept cens trente Alphonce Roy de Galice n'eût obligé le Pape Gregoire III. à luy donner ce pieux surnom de Catholique, comme vne coronne de triomphe, apres auoir vaincu les Arriens, & dans cette victoire extirpé leur heresie. Ce qui nous fait voir que le Ciel iettant sur la terre les semences de cette Auguste Race a voulu joindre à l'éclat de sa grandeur celuy de la pieté, afin que la lumiere en fût eternelle.

Albert quatriéme, Archiduc d'Austriche n'auoit point de plus grand contentement que celuy de chanter sans cesse les loüanges du Seigneur, comme si ses poulmons n'eussent pû respirer que l'air batu de ses loüanges, redisant mille fois le iour ce beau

motet que les Anges sans doute luy
auoient apris , Seigneur quand me „
donnerast-u vne voix éternelle pour „
annoncer éternellement les merueil- „
les de ta misericorde ? Il sou haitoit
d'étre tout voix comme l'Echo, pour
redire incessamment apres les Seraphins Saint , Saint , Saint , est le Seigneur des armées , dont la gloire remplissant icy bas l'air qui ne soufre point
de vuide en la nature, nous force d'adorer sa puissance dans son immensité.

L'Empereur Frideric troisiéme
voulut chanter l'Euangile dans Rome
à la Messe que le Pape y celebra la veille de Noël aprés auoir esté coronné
de sa main, desirant faire voir en cette
action & si sainte & si celebre , qu'il
prenoit possession de son Empire
auec les caracteres de Pieté qu'il pro-
fessoit publiquement, afin que ses sujets ne le reconneussent Souuerain
que par dépendance, se soûmetant

luy méme le premier à garder les premieres loix de feruitude que le Ciel
luy auoit impofées.

Maximilian premier crut en mourant ne pouuoir laiffer vn plus riche
trefor à fon petit fils, que la refolution
d'abandonner & le bien & la vie pour
la defenfe de la foy : ce qui nous fait
connoiftre que cette grande Pieté qui
reluifoit en fes dernieres paroles, pro-
cedoit d'vne ame qui en auoit pratiqué toutes les actions durant fa vie:Et
certes Dieu permit auffi que fon fuc-
ceffeur Charles Quint fit vn fi grand
profit d'vn fi bel exemple, qu'apro-
chant du bout de fa carriere,il fe pre-
para dignement d'en receuoir la coronne par vn glorieux mépris de celle
de fon Empire, dont il abandonna les
grandeurs , en preferant le fejour
d'vne petite cellule, à celuy de fes fu-
perbes Palais.

Philipes fecond fon fils, inftruit à la

pieté par vn si sçauant Maître qui
en auoit laissé des leçons à tous les
Monarques du monde , voulut que
son Escurial enfût vne seconde école , & sa façon de viure vne nouuelle
instruction à tous ses sujets, paroissant
si zelé pour le culte de la Religion,
qu'il fit refleurir les semences de la Foy
dans les lieux les plus écartez , où les
Apôtres l'auoient plantée à la naissance du Christianisme.   Action vrayement pieuse , & dont la renommée
fait chaque iour le tour du monde
auec le Soleil, puis que ce bel astre
en se leuant & en se couchant éclaire
tous les Autels de Pieté que celle de ce
grand Monarque y a fait ériger à la
gloire de son Sauueur & de son Maître.

Philipes troisiéme son fils , son
digne successeur , & l'heureux Pere
de nôtre grande Reyne , a laissé de si
glorieuses marques de sa Pieté sur tou-

tes les terres de son Empire qu'on peut
soûtenir hardiment , que l'Heresie
n'y a jamais treuué d'autre place que
celle de son tombeau. Ce fut durant le
regne de ce pieux Monarque que les
Mores exilez de tous les pays de son
obeyssance en firent des deserts ; mais
il s'en consola en Dieu seul , aymant
mieux que leur solitude fut peuplée
de bétes feroces, que d'hommes sans
Religion.

La Pieté de la Reyne Blanche d'Espagne la fit mere d'vn grand Saint ; &
quoy que toutes ses autres vertus luy
eussent fait acquerir cét auantage, il
est croyable que celle là principale-
ment attira sur elle la grace qui luy en
donna le merite.

Elisabeth Infante d'Espagne, digne
Tante de nôtre incomparable Princesse, a rendu son Nom & son Regne
si admirables par la memoire de ses
pieuses actions, que l'Europe ne quit-
tera

tera iamais le deuil qu'elle porte de sa
mort.

Iugés maintenant comme ces rayons
se joignent au corps de leur lumiere. Ie
veux dire comme cette diuine Vertu
paraît dans son trône auec toutes ses
graces, sur celuy de nôtre grande
Reyne, puis qu'elle seule nous fait voir
dans sa belle vie, toutes ces differentes
actions de pieté, dont l'histoire con-
serue encore si cherement le souuenir.
Ie veux que céte Auguste maison
d'Austriche soit vn Temple consacré
à la Pieté, il faut aduoüer que les
actions de nôtre parfaite Princesse
produisent aujourd'huy l'encens qui
embaume leurs Autels, & qu'elles
fournissent à tous momens de nouuelle matiere pour en eriger de nouueaux, à la gloire de celuy qui en reçoit les sacrifices.

Il est toutesfois tres important de cő-
siderer que si nôtre Reyne sort d'vne

Race toute rayonnáte de pieté, elle eſt
entrée dans vne autre, qui faiſant reja-
lir l'éclat de cette meſme Vertu juſques dans les Cieux nous a produit
des Sainĉts auec des Roys, dont la memoire eſt éternelle: De ſorte qu'ayant
joint par vne heureuſe alliance l'e-
xemple de ſon éminente pieté auec la
pratique que le feu Roy ſon Epoux
luy en faiſoit voir à toute heure : on
pouuoit dire que ces deux ruiſſeaux,
quoy que differens en leur ſource, e n
produiſoient tous deux enſemble vne
nouuelle, qui ſeruoit d'objet d'admiration à nôtre Siecle; En effet que peut
on adjouſter à vne Vertu pour la rendre plus parfaite, apres les habitudes
qu'on en a contraĉtées des le berceau,
que l'exemple continuel de céte meſme Vertu : & c'eſt elle qui ſe fait adorer aujourd'huy dans ſa perfeĉtion en
noſtre grande Reyne, comme tirant
ſon éclat des deux lumieres vnies en-

femble, ie veux dire de deux Races auſſi fameuſes pour leur ſainteté, que pour leur gloire.

Qui peut douter que Dieu ne l'ait comblée de ſes faueurs l'ayant renduë ſi heureuſe, qu'on peut ſoûtenir hardiment que la medale de ſes felicitez n'a point de reuers, puis que le paſſé auſſi bien que l'aduenir luy repreſentent la meſme image de bon-heur qu'elle poſſede : Ie dis le paſſé, dans la memoire immortelle de ſes glorieux Anceſtres, dont la pieté n'a jamais eu d'exemple, & l'aduenir dás l'eſperance ſenſible de ſes deux Fils, ces deux Princes miraculeux, dont les vertus éleuées auec leur enfance nous prometent tant de merueilles.

La Pieté eſt la vertu des Roys, parce que comme ils repreſentent en quelque ſorte dans leur puiſſance abſoluë, l'infinie de celuy dont ils releuent, ils doiuent auec d'autant plus de raiſon

benir la main qui les a fait ſi grands,
que leurs grandeurs ſont icy bas hors
d'exemple. N'eſt-il pas iuſte que tous
les Monarques du móde, qui dans leur
qualité ſouueraine & independante
portent quelques caracteres de diuinité, ſoient toûjours en action d'en-
cenſer les Autels de celuy qui les fait
adorer ſur la terre par les ſeules marques de ſa reſſemblance, dont il releue leur condition?

C'eſt l'ordre des Hierarchies celeſtes
de benir & de loüer continuellement,
chacune à la meſure de la lumiere qui
luy eſt donnée, le Dieu qui les comble de felicitez : Et quoy que dans
leurs Cantiques de benediction & de
loüange, elles n'ayent qu'vn meſme
objet & qu'vn pareil deſſein; comme
elles different de ton, par la diuerſité
de leurs voix, celles-là chantent d'autant plus haut, que leur degré de gloire eſt éleué par deſſus les autres.

De méme pouuons-nous dire
maintenant dans l'ordre des grandeurs du monde , que les Roys qui
font affis fur les plus hauts trônes de
la Fortune, doiuent fans ceffe publier
la gloire de celuy qui leur en a marqué
la place de toute eternité , auec d'autant plus de iuftice, que leurs efprits
font éclairez par deffus les autres, tandis qu'ils conferuent la grace qui eft
affectée à leur eminente condition;
& c'eft ce que nous pouuons remarquer en nôtre digne Princeffe. Car
fi le Ciel l'a éleuée fi haut qu'elle voye
tout le monde à fes pieds , les degrez
de fa grandeur font ceux-là mefme de
fa pieté, puis que céte vertu paraît
auffi eminente en elle, que fa condition.

C'eft cette alliance de la Pieté & de
la Grandeur qui auoit rendu le Prophete Dauid fauory de fon Maître,
paraiffant à fes yeux , tantôt fur le

trône paré de pourpre , & tantôt
couché fur la terre couuett de cendres. Il prenoit plaifir à fe déguifer
fous l'ancien habit de fes miferes,pour
fe méconnoître luy-méme dans fa
nouuelle dignité , de peur que fon
éclat ne charmât fon ame, en ébloüif-
fant fes yeux.

Quelle merueille , ce grand Roy
partageoit fi bien les momens de fa
vie dans fes differentes actions, & de
commander, & d'obeir, qu'on le
voyoit fans ceffe occupé, ou à impofer des loix à fes fujets, ou à fubir luy
méme celles que fon Seigneur luy
auoit prefcrites.

Que fi vous tournez maintenant la
medale vous admirerez vne grande
Reyne, dont la pieté s'étant vnie in-
feparablement auec la grandeur,attire
fur elle tout à la fois, & les benedictions du Ciel,& les loüanges de la
terre. C'eft cette diuine aliance qui la

rend fi menagere durant fon regne
des beaux iours de fa vie, qu'elle en
partage les heures efgallement entre
les foings de gouuerner fon Eftat, &
ceux de fe laiffer gouuerner foy méme aux fentimens de fa confcience : De forte que fi elle paraît quelques fois à nos yeux fur le trône de
fes grandeurs, nous deuons l'admirer encore plus fouuent, des yeux de la
penfée, dans fon Oratoire, profternée
à genoux fur la mefme terre dont elle
a l'empire abfolu, comme fi elle prenoit plaifir en rabaiffant auec elle céte
majefté qui l'enuironne, de luy ofter
vne partie de fon éclat pour ne fe méconnoître iamais.

C'eft la pratique de cette éminente
Vertu qui fait toutes ces merueilles,
& comme les Roys ne fçauroient la
poffeder fans en faire rejallir l'éclat
fur leurs fujets, elle paraît d'autant
plus parfaite qu'elle leur communi-

que sa clarté. Vous en pouuez voir
de nouuelles preuues en noſtre digne
Princeſſe, dont les actions ſeruant de
leçon à tout le monde pour l'inſtruire
à la pieté, elle eſt d'autant plus admirable que ſa condition eſt releuée, puis
que l'éclat de toutes deux produit
vne lumiere d'exemple, qui inſtruit les
ames en les éclairant.

De vous exprimer toutes les actions
de pieté qu'elle a faites, c'eſt vn nouueau Dedale qui n'a ny entrée, ny ſortie: d'entrée, puis qu'eſtant née auec
céte vertu, ſes inclinations luy ont ſer-
ui tout à la fois & de precepte pour
l'aprēdre, & d'habitude pour la pratiquer: de ſortie, puis qu'elle emporteroit la meſme vertu dans le tombeau, ſi
elle ne s'en étoit déja exemtée: De
ſorte qu'on peut ſoûtenir que la pieté
n'a ny commencement ny fin en elle,
l'ayant puiſée d'origine, auant que reſpirer le iour, pour la poſſeder au delà
des Siecles, apres celuy-cy. Combien

Combien d'actions particulieres &
secretes n'a t'elle point faites en exerçant cette diuine Vertu qui n'ont eu
que le Ciel pour témoin, sans faire reflection seulement que luy mesme se-
roit sa recompense?   Certes le Soleil
lance moins de rayons sur la terre, que
cette grande Princesse n'y a laissé des
marques de pieté, & si sa modestie
ne m'auoit plusieurs fois imposé si-
lence, i'en publierois les merueilles,
sachant que le monde n'en a point de
ce prix la : mais il suffit qu'on en re-
connoisse la cause, elle sera toûjours
l'vnique objet de nostre admiration.

Les Romains auoient erigé vn Temple à la Pieté, croyant que par ce culte
qu'ils rendoient aux Dieux , ils s'inte-
ressoient dans leurs victoires , & en
effet c'estoit l'opinion de toutes les autres nations de la terre, paroissant si
heureux dans leurs desseins, qu'à peine pouuoit on marquer de l'interualle

entre leurs veux & leurs conqueftes.

Ne pouuons nous pas dire de mémes que la fortune de cét Eftat eft
deuë à la feule pieté de nôtre augufte
Reyne, & que le Ciel qui la comble de
faueurs, en fait heureufement le partage auec la France, pour rendre fon Regne auffi glorieux qu'il eft paifible :
Qui ne croit pas aujourd'huy, que le
Ciel s'intereffa à jetter les premiers
fondemens de fa Regence fur la victoire que ce ieune Heros de nôtre
fiecle remporta à la bataille de Rocroy?
Ie veux que le deftin de ce fameux
Prince tienne la Fortune enchaifnée à
fa fuitte ; il faut aduoüer que la vertu de nôtre grande Princeffe luy fert
d'vne nouuelle armée pour triompher
en tous lieux , puis qu'il combat pour
elle. Lifez de nouuelles merueilles.

Vn iour que nôtre digne Princeffe
étoit feule en fa chambre à faint Ger-
main, fans autre entretien que celuy

de ſes femmes, vn de ſes gentils-
hommes domeſtiques prenant la liberté de luy parler à ſon arriuée de Paris, des balets qu'on y danſoit, auec
des magnificences extraordinaires
pour lui donner la curioſité de les voir,
elle luy repondit. Qu'elle treuuoit ſes »
diuertiſſemens dans ſon Oratoire, & »
qu'elle auoit beaucoup plus de ſatisfa- »
ction à penſer aux delices du Ciel, qu'à »
goûter celles de la terre. Que ſi elle en
auoit toutesfois quelque ſentiment,
l'entretien innocent de ſes enfans, cau-
ſoit toute ſa joye. Paroles qui ſans
doute ſortoient d'vn cœur vrayement
pieux, plutôt que d'vne bouche fort
éloquente, ſi celle-cy ne parle que de
l'abondance de l'autre.

Certes l'échole d'vne continuelle
meditation ne nous ſçauroit aprendre
vn plus diuin langage pour précher la
haine du monde & l'amour de Dieu.
Auſſi voit-on que ce ſont les ſentimens

D ij

d'vne ame qui n'eſt plus capable de paſſions que pour le mepris des felici-tez de la terre.

Il eſt temps de releuer les premiers traits de ce portraict, de quelques ombrages qui en augmentent l'éclat, en vous repreſentant vne derniere fois la Pieté de nôtre digne Reyne, par la plus pieuſe de ſes actions.

Dés qu'on luy vint dire que le Roy étoit mort, elle s'enferma ſeule dans ſon Oratoire, & apres s'étre jettée à genoux aux piés d'vn Crucifix, elle s'offrit à Dieu auec vne reſignation abſoluë, & le ſuplia de regner en elle dorénauant, afin qu'elle n'impoſat iamais d'autres loix à ſes ſujets que celles que luy meſme luy auroit preſcrites. Puis faiſant tout à coup reflection ſur la feſte de l'Aſcenſion qu'on celebroit ce iour là, elle ſuplia encore ſa diuine Majeſté que comme ſon fils vnique montoit au Ciel pour prendre poſſeſ-

ſion de ſon Royaume, apres auoir eſté
obeïſſant iuſques à la mort, elle peut
de meſme faire ſa nouuelle entrée
dans ſon nouueau regne, en ſuiuant
ſes diuines volontez iuſques au tombeau, & que de cette ſorte elle ne pré-
tat que ſon cœur & ſa main à l'authorité abſoluë de ſa regence : l'vn pour
receuoir les inſpirations de ſes ſouue-
rains decrets, & l'autre pour les executer auec vne obeiſſance aueugle.

C'eſt par ce trait de mon pinceau,
ou pour mieux dire de ma plume, que
ie vous ay repreſenté au vif cette grande Princeſſe, ſous l'image de ſa Pieté,
ſans craindre que le temps en efface les
marques. Admirez, admirez donc
en elle ſeule cette diuine vertu auec
tout l'éclat qui l'enuironne : ie dy en
elle ſeule, puis que le Soleil qui voit
toutes choſes cherche inutilement ſa
compagne icy bas : & que la Nature
quelque feconde qu'elle ſoit, ſe treu-

D iij

uant aujourd'huy sterile à produire
vne merueille qui la ressemble: ses vertus sont seules capables de nous faire
voir son Portrait. Ce qui m'oblige à
continuer mon ouurage en vous re-
presentant sa Iustice.

SA IVSTICE.

CHAPITRE II.

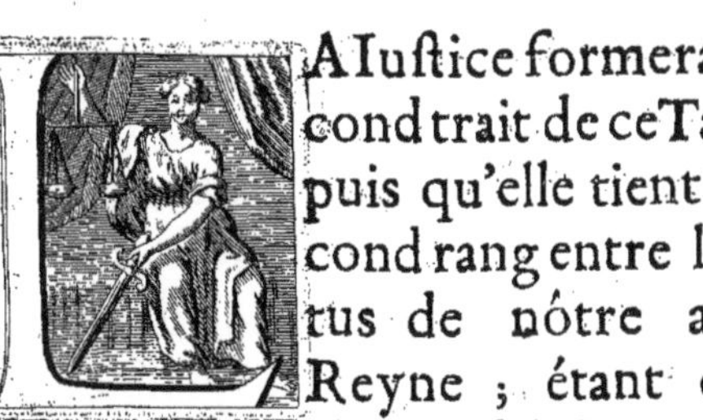

A Iuſtice formera le ſecond trait de ce Tableau, puis qu'elle tient le ſecond rang entre les vertus de nôtre auguſte Reyne ; étant certain que comme elle rend à Dieu les deuoirs de ſa Pieté, elle s'aquite de même enuers tout le monde de ceux de ſa Iuſtice.

Les Iuriſconſultes l'ont definie par vne ferme volonté de rendre à vn chacun ce qui luy apartient : mais il me femble que céte volonté doit étre accompagnée de l'action, parce que comme les vertus ne font que des habitudes au bien, & que le bien de foy fe communique, il faut pratiquer fans ceffe la vertu qu'on poffede, fi c'eft fon propre d'agir continuellement.

Vous en voyez l'exemple en nôtre grande Reyne. Elle n'eft pas feulement iufte par vne conftante volonté de rendre à vn chacun ce qui luy apartient; mais encore par l'exercice continuel de cette même volonté, agiffant fans ceffe à l'vtilité de tout le monde. Il eft vray qu'eftant éleuée dans vne condition fouueraine, fa qualité auffi puiffante que fon deuoir, l'anime également à mettre toûjours cette vertu en pratique : mais il faut croire toutesfois, que fon inclination l'oblige plus puiffamment encore à ne fe relâcher iamais de fon action, confiderant le plaifir qui luy en demeure par le

bien

bien que les autres en reçoiuent.

Les Roys ne different de leurs fujets que par les eminentes vertus qu'ils
poffedent au deffus d'eux : & comme
le trône de leur gloire n'a point d'autres degrez que ceux de leur merite,
luy feul jette les fondemens de toute
la reputation qu'ils peuuent acquerir.
Et quel merite a plus d'éclat dans vne
condition fouueraine, que celuy de la
Iuftice, puis qu'elle change la nature
corrompuë de celuy qui la pratique ,
en vne autre toute pure, digne de nôtre admiration?

Ie veux que les Roys foient les vrais
images de Dieu, cóme tirez de fa main
propre fur luy méme , & dans leurs
perfonnes facrées, & dans leur autorité independente: les feuls caracteres de
la juftice qu'ils exercent, nous en font
voir la vraye reffemblance, les faifant
parêtre en céte action fi differens de
leur condition mortelle, & periffable;

E

qu'on leur érigeroit des autels, si cette
méme vertu qui leur en fait meriter
l'honneur, ne les obligeoit à le refuser
pour s'en rendre encore plus dignes.

Les vertus des Roys ne doiuent pas
étre considerées comme de simples
habitudes au bien ; mais plutôt comme
des graces infufes, dont le Ciel paroît
liberal enuers leurs perfonnes : Et lo'n
voit auffi d'ordinaire qu'vne vertu
Royale n'attire pas feulement du public, & des refpects, & des loüanges,
aprés auoir fait des admirateurs fans
nombre ; mais encore des veux,
& des benedictions de tout le monde,
aprés auoir obligé la plus grande partie à la fuiure.

Tele eft auiourd'huy la vertu de nôtre
grande Reyne, vertu de Iuftice vrayement Royale, dont l'éclat beaucoup
plus brillant que celuy de la Majefté
qui l'enuironne, fert de flambleau à
fes fujets, pour leur monftrer par fon

exemple le chemin qu'ils doiuent tenir. Admirez la donc en elle, non pas
renfermée dans la feule volonté ; mais
dans l'exercice continüel de la rendre
à tout le monde. Admirez la donc
en elle, diray-je encore, non pas comme vne forte inclination à cherir également les interefts & de l'vn & de
l'autre ; mais plutôt comme vn don
du Ciel, qui la rend toûjours refoluë
à fe faire juftice la premiere, en ne la
refufant jamais à perfonne.

Elle ne fe contente pas d'exercer céte vertu en fes propres actions , elle
employe encore fon pouuoir pour la
faire pratiquer fur toutes les terres de
fon Empire; De forte qu'on peut foûtenir qu'elle fait admirer fa Iuftice autant de fois qu'il y a de Iuges en fon
Royaume ; puifque fon exemple, auffi
bien que fes commandemens , les
oblige de la rendre à tout le monde.

Le Poëte Claudian fit vne belle ré-
E ij

« ponce à l'Empereur Honorius, quand
« il luy demanda conseil pour pouuoir
« regner au gré de tout le monde : Sois
Iufte, luy dit-il, ie n'ay point d'autre
precepte à te donner. En effet quand
vn Monarque pefe le premier fes
actions à la balance qu'il doit porter
à la main, reprefentant luy même la
Iuftice dans fon pouuoir abfolu ; tous
fes fujets trouuent leur condition fi
agreable, qu'ils en ayment la feruitude, confiderant la main qui les tient
enchaînez.

Ne peut-on pas dire auffi maintenant que les actions de noftre grande
Princeffe font autant de preceptes
de ce Poëte fameux, pour aprendre
l'art de regner à tous les Roys de la terre ? Si les plus fages fe reglent auiour-
d'huy fur l'exemple de fa vie, pour
trouuer le repos qu'ils ont cherché
inutilement ; la balance de la Iuftice
luy fert de Sceptre : Et comme elle en

pefe l'authorité, fon joug ne pefe à
perfonne.

Ariftote, ce fameux Genie de la
nature, nous veut perfuader que la Iuftice pourroit regner feule dans le
monde fans l'ayde des autres vertus:
Et en effet celuy qui eft parfaitement
iufte fe peut dire accomply en toutes
chofes. La Pieté fait vne partie de la
Iuftice, rendant à Dieu le culte & la
veneration qui luy apartient : la Prudence s'y trouue dans l'egalité qu'elle
pratique : la Force dans fa conftance:
la Bonté dans fon zele : la Charité dans fon amour : & la Sageffe
dans fa conduite toûjours femblable. De forte qu'vn Roy Iufte : mais
Iufte comme nôtre grand LOVIS
d'heureufe memoire, qui en portoit
la qualité plutôt que le furnom, fe
pouuoit dire le feul Monarque de la
terre, puifque toutes les Vertus re-
gnoient auec luy dans fa feule Iufti-

ce , & luy feul auec elle fur tout le monde enfemble.

Nous pouuons publier hardiment la même verité en faueur de nôtre grande Princeffe, comme époufe de ce Monarque fi parfait , dont elle compofoit la chere moitié, & foûtenîr qu'elle doit éftre confiderée aujourd'huy dans cette éminente vertu, en qualité de la feule Reyne du monde, puifque la Iuftice qu'elle exerce continuellement, luy affujetit autant de cœurs étrangers, qu'elle a de fujets fideles dans fon Royaume.

Ie trouue les fentimens de Pompée auffi nobles que luy, quand il reprefente au peuple Romain qui valoit bien mieux que la Iuftice marquât les limites de fon Empire auec celuy des Parthes, que la riuiere de l'Euphrate: Et certes il eft croyable que fi les Romains fe fuffent fait juftice les premiers, employans toutes leurs for-

ces à la conseruation de leurs côqueftes
au lieu de donner leurs foins au deffein
d'en faire d'iniuftes , on ne feroit pas
en peine auiourd'huy de chercher
dans l'hiftoire de nouueaux témoins
de leur grandeur. La Iuftice feule
doit regner en tout temps, par ce que
comme en tous lieux elle trouue des
Efclaues volontaires, chacun ceffe de
difputer ce qu'il n'a pas droit de pretendre.

Solon, ce fage parmy les Grecs,
auoit fort à propos confeillé à Crefus
de n'auoir point de fortereffe dans
fon Royaume que celle de la Iuftice,
puis qu'auec fa feule épée il pouuoit fe
faire craindre des méchans, & aymer
des bons. En effet ce doit étre la plus
feure garde des Monarques, & c'eft en
vain qu'vne fentinelle veille pour leur
deffence à la porte de leur Palais: Ils ne
fçauroient être à l'abry des difgraces
de la fortune, que fous la protection

de leur Iuſtice, par ce qu'en leur ôtant la crainte des menaces, elle même encore leur donne le courage de ſurmonter les perils.

C'eſt ſous cette ſorte de protection que nôtre auguſte Reyne nous fait goûter les douceurs du repos, parmy les alarmes de la guerre, & comme ſi ſa iuſtice tenoit toûjours en balance celle du Ciel, en la punition de nos crimes, nous reſpirons comblez de ioye ſous ſon regne, qui eſt celuy méme de cette diuine vertu, ſans étre capable de crainte que pour elle. Et certes que pouuons nous aprehender dans vn Empire qui ſeruant de trône à la Iuſtice, ſert à méme temps de port aux bons, d'écueil aux méchans, & d'azile public à toutes les nations de la terre?

La Iuſtice de Noé garentit ſans doute la Nature de naufrage, durant ce funeſte deluge que les brutales paſ-

ſions

fions des hommes auoient excité. Ouy
la barque de ce feul homme iufte fut
vn abry à l'épreuue des foudres du
Ciel, dont les feux, à mefure qu'ils
tôboient, fe changeans en êcueils dans
vne mer dont eux mémes étoient la
fource, faifoient peu à peu les prepa-
ratifs des funerailles du monde.

Difons de méme fort à propos, que
la Iuftice de nôtre digne Reyne eft vn
abry à la France contre l'orage que le
defordre de fes fujets pourroit caufer
dans fes Eftats; Et quoy que le Ciel
irrité face luire fouuent fes éclairs à
nos yeux en nous menaçans d'apefan-
tir fon bras fur nos tétes criminelles;
les palmes qui coronnent celle de nôtre augufte Reyne, ayant la méme vertu que les lauriers, nous garentiront
toûjours de la foudre. Ouy le Louure
de cette grande Princeffe, feruant
d'autel de refuge à la France, il femble
que le Ciel méme l'ait en veneration,

F

puifque de tous fes aftres malins on n'en voit pas luire vn feul fur nôtre hemifphere.

Qui peut douter qu'vne vie toute éclatante de fa propre lumiere, comme celle de nôtre augufte Reyne, ne foit vn fecond Soleil de nos iours : mais Soleil de Iuftice, qui luifant à nos yeux pour inftruire nos ames, diffipe l'obfcurité de ceux-cy, dans l'aueuglement où ils font naiz , & fert à méme tems de guide aux autres, dans les penibles voyes de leur courfe : Ce qui nous rend fi heureux parmy les mal-heurs de ce fiecle , qu'on peut foûtenir hardiment que comme fon regne en produit continuellement les plus grandes felicitez, fa juftice nous les fait reffentir fans interuale.

Il y a de certaines vertus qui demeurent toûjours cachées à l'ombre d'vne condition baffe & feruile , fans produire d'autre éclat que celuy qui

rejalit d'elle méme dans l'ame qui les
poſſede, & l'on peut dire d'elles que ce
ſont des Aſtres , qui ne luiſant que
dans leurs Spheres , n'étendent
point leur clarté hors du cercle qui
les contient. Mais quand ces mémes
vertus ſe font voir à découuert dans
vne eminente condition , & qu'elles
regnent également auec vne autorité
ſouueraine ; c'eſt alors qu'agiſſant
d'vne puiſſance proportionée à leur
grandeur, elles rempliſſent d'admiration tout le monde : reſſemblant au
Soleil qui trouue par tout ſon midy;
ie veux dire qui luit à châque pas de ſa
courſe auec toute l'étenduë de ſa vertu, ſans craindre que ſa lumiere ſoit
éclipſée.

On peut dire de méme des vertus de
nôtre incomparable Princeſſe , que
comme elles ne ſçauroient parêtre icy
bas ſur vn trône plus éclatant que celuy où elle eſt aſſiſe, elles ſe font ad-
F ij

mirer continuellement, par ce qu'elles éclatent sans cesse : & cette admiration est d'autant plus grande que les objets qui la produisent sont pleins de perfection. Mais puis que ie ne considere maintenant en nôtre auguste Reyne, que sa Iustice, il me sufit de dire que cette vertu paroissant toûjours auec elle dans son plus vif éclat , toutes deux ensemble regnent si absolument qu'il n'est point sur la terre d'Empire plus glorieux.

Salomon connoissant par vne experience sensible , aussi bien que par vne lumiere infuse , l'étroite alliance que la iustice auoit auec la paix; il exerçoit la seuerité de l'vne , pour faire goûter la douceur de l'autre : & Dauid son Pere , qui d'vne voix Prophetique interpretoit sur la terre les Oracles du Ciel, nous auoit déja laissé des preuues de

cette verité, quand il difoit que la Iuftice & la paix fe baifoient fans ceffe,
comme eftans infeparables de leur nature. En effet fi c'eft le propre de la Iuftice de rendre à vn chacun ce qui luy
apartient, elle produit toûjours le repos en fon action, preuenant les fou-
haits des vns, & rempliffant l'efperance des autres auec vne iufte mefure,
dont elle regle la paffion de ceux-cy,
aprés auoir fatisfait à l'attente de
ceux-là, pour donner la paix à tous
enfemble.

Que fi nous voulons paffer plus
auant, & tirer du profond de nos
cœurs vne plus parfaite connoiffance
de cette verité, nous ferons contrains
d'auoüer que la Iuftice que nous prati-
quons fur nous mémes, nous fait
trouuer cette paix interieure, qui
feule nous comble de felicitez. Il
n'eft point de miferable fur la terre, qui
ne regne abfolument chez foy : ie

F iij

veux dire fur fes volontez , & fur
fes penfées ; & comme ce regne ne
peut eftre paifible que par la Iuftice
qu'il exerce , celle-cy produit l'autre neceffairement, & cette neceffité les rend infeparables.

Soûtenons donc hardiment, & par
raifon , & par experience, que le regne de la Iuftice eft celuy méme de
la paix ; & nous laiffans conuaincre
à nos propres fentimens , admi-
rons les delices de l'vne dont nous
ioüiffons , dans les douceurs de l'autre dont nôtre augufte Reyne nous
fait voir les merueilles, auec la pratique. On a beau mefurer la longue étenduë de fon Empire, on trou-
uera que celuy de fa juftice a les mémes limites, & l'on voit maintenant
fous fon regne, que la paix fait fleurir
auffi loing fes rameaux.

Quelle merueille étrangere à nôtre
âge, que la France qui fait tous les

iours innocemment autant d'ennemis qu'elle a d'enuieux , fe deffende
feule contre tout le refte du monde
fur les terres mémes de ceux qui l'ont
attaquée, comme fi elle aprehendoit
de troubler nôtre repos par le bruit
de fes victoires. Et certes on peut
dire que nous ne reconnoiffons auiourd'huy la guerre , que par la défaite de tous ceux qui nous l'ont de-
clarée.

Mais ceffons de publier noftre bon
heur, pour l'admirer en celuy de notre grande Princeffe , & confeffons à
fon honneur , & à notre aduantage,
que la balance qu'elle porte à la main,
defarme celle de Dieu , & du glaiue,
& de la foudre : ouy nous triomphe-
rons continuellement de tous nos ennemis , puifque les perfections de notre augufte Reyne font toutes nos
forces,& nous refpirerons fans ceffe à
l'ombre de fes palmes l'air d'vne douce

paix, puifque fa iuftice la produit, &
que toutes deux font infeparables.

Ie fens mon efprit éleué dans vne
continuelle admiration, quand ie confidere que le Ciel pour preuenir les
veux de notre fameufe Princeffe, ne
l'a pas feulement comblée de fes graces en la faifant regner iuftement fur
tous fes peuples: mais vny encore fon
cœur vrayment iufte auec celuy de
notre L O V I S afin que comme il en
portoit dignement la qualité, la iuftice regnât fouuerainement en tous
deux enfemble, fans que le trépas de
l'vn ou de l'autre y peut marquer de
l'interuale, l'ayant renduë indiuifible
dans leurs ames auffi bien qu'elles.

Qui doutera donc maintenant de la
iuftice de notre grande Reyne , fi
l'habitude de cette vertu qui ne differe point d'elle méme , luy étoit egalement propre auec fon époux par vn
priuilege extraordinaire de la nature,
&

& par vne grace particuliere du Ciel.

Et comme il ne vit plus que dans la memoire de ſa juſtice , ſa chaſte épouſe la pratique à tous momens afin que ſes actions le luy repreſentent viuant à toute heure. O diuine inuention! O adorable artifice , de rapeler ſon Iuſte LOVIS du tombeau par la voix des iuſtes ordonnances qu'elle preſcrit à ſon exemple, dans ſon Royaume.

Qu'on ne nous parle plus de cête deſolée Arthemiſe, à qui la triſteſſe & l'amour ſuggerent egalement d'inutiles moyens d'eterniſer le nom de ſon époux, par les pompeuſes marques de ſa ſepulture: Il n'apartient qu'à nôtre Iuſte Reyne de conceuoir auec ſuccés vne ſi noble penſée: Elle ne veut pas faire éleuer à ſon époux vn ſuperbe tombeau ; mais plutôt en exemter ſa memoire , non pas par la durée du marbre,& du porphire , mais par l'i-

G

mitatiõ de ſa Pieté & de ſa Iuſtice, puis
quelles ſeules le peuuent faire reuiure
eternellement. Il faut que ie mette
la derniere main au ſecond trait de ce
Tableau, par le recit de la plus éclatante verité que vous ayez iamais connuë. Vous ſçauez qu'il y a deux ſortes
de Iuſtice, l'vne ſeuere, portant le
glaiue à la main, l'autre indulgente,
chargée de Coronnes : admirez celle-
cy ſur ſon trône auec nôtre grande
Princeſſe, puis que tous les iours de
ſon regne ont eſté des iours de recom-
péſe, ſoit pour les ſeruices, ſoit pour les
vertus, n'ayant iamais paſſé vne ſeule
iournée ſans conſiderer ceux-là, ou
reconnoître celles-cy, mais par inclination auſſi bien que par deuoir : tant il
eſt vray que cête ſorte de juſtice fait la
plus noble partie de ſes ſentimens. Ce
qui vous fait connoître déja ſa Clemence, dont ie formeray le troiſiéme
trait de ce Tableau.

SA CLEMENCE

CHAPITRE III.

Ette vertu paroît d'a-bord auec vn visage si diferent de celuy de la Iustice, qu'à peine peut-on iuger qu'elles sont sœurs. Toutesfois comme le Ciel s'est declaré leur pere, elles portent toutes deux de certaines marques de diuinité, qui font connoître la grandeur de leur origine. La nature a beau pretendre l'auantage de contribuer quelque chose à leur nais-sance: j'ose dire, sans démentir cette

opinion, qu'encore qu'elles n'agiſſent
que par les organes naturels, elles ne
retiennent rien dans leurs actions de
la foibleſſe de la nature , étant animées d'vn autre principe qui conſerue également & leur pureté & leur
perfection.

Publions donc auec la creance de
l'ancienne Philoſophie , qu'elles ſont
purement diuines : mais comme ie
ne repreſente que celle de ſa Clemence, qui porte toûjours auec ſoy les
marques eſſentielles de ſa diuinité, la
ſeule propoſition que i'en fay eſt vn
argument aſſés fort pour le perſuader
aux plus incredules.

Que ſi ie ſuis contraint toutesfois,
d'en donner de nouuelles preuues,
vous n'aurez qu'à conſiderer cette diuine vertu en nôtre auguſte Reyne,&
vous les verrez toutes deux ſi éclatantes de leur propre lumiere, que vous
auoüerez auec moy, que ſi l'vne eſt

éleuée par fon feul merite au deffus
de fa condition, l'autre de fa nature
n'a rien en foy ny de mortel, ny depe-
riffable.

Que peut on trouuer de plus diuin icy
bas que cette vertu de Clemence? c'eſt
elle qui fçait l'art d'affujetir les cœurs
fans tyrannie, & de forcer les libertez
fans contrainte : & que fçauroit on
voir auffi fur la terre de plus merueilleux que nôtre grande Princeffe, fi elle
commence de regner pour autruy
plutôt que pour elle, en rappellant
les bannis, & en déliurant les prifon-
niers dés le premier iour de fa Regence? Aprés auoir fait de fon Louure
vn autel de Refuge, elle y attire en
foule tous les mal-heureux du temps:
Et ne pouuant exercer enuers eux fa
Clemence, par ce qu'ils luy deman-
dent juſtice. Elle tient ce milieu de
leur faire reffentir l'vne, en leur rendant promptement l'autre.

Elle s'impose la premiere vne loy
d'oubly de tous les déplaisirs qu'on
luy a causez, comme si elle étoit hon-
teuse de s'en souuenir auec la puissance de s'en venger: De sorte qu'on peut
dire qu'elle est absoluë sur tout le
monde fors que sur ses ennemis, les
laissant viure en repos pour ne troubler pas le sien, ou plutot pour les
obliger au repentir, aprés leur auoir
fait connoistre leur faute.

Ie vous laisse à juger maintenant
quelle des deux est plus admirable,
ou de cette Reyne, ou de sa Clemence: mais tenez encore vos jugemens
en suspens, i'ay de nouuelles merueilles à raconter, & de nouueaux miracles
à dire. On loüa hautement la clemence
de Virginie quand elle respondit à celle qui la solicitoit de se venger de ses
ennemis, puis qu'elle en auoit le pouuoir : Que sa condition souueraine
l'auoit reconciliée auec eux en les luy

faifant voir à fes pieds ; & qu'elle de-
uoit ce refpeſt à fon Sceptre, & cette
deference à fa Coronne, de ne profa-
ner point leur autorité en puniſſant
des cœurs humiliés. Paroles dignes
d'étre proferées de la bouche d'vn
Ange. Que fi notre augufte Princeſſe
n'en a point efté l'Echo, es redifans
apres elle, fon cœur a deuancé fa langue : il fufit que fes actions ayent tenu
le méme langage. Elle n'a confideré
fon pouuoir abfolu, que pou r l'exercer fur elle méme en oubliant tous les
déplaiſirs qu'elle auoit euz auec le
nom de ceux qui les auoient caufez.
Clemence toute admirable , bonté
purement diuine.

Seneque parlant de la Clemence a
de la peine à croire que ce foit vne vertu affectée à l'homme, comme étant
fi diuine en toutes fes actions, qu'elle
change d'ordinaire la nature de celuy
qui la met continuellent en pratique.

Quelle aparence qu'vn homme conceu en peché, enfanté en horreur, &
éleué en malice, puiſſe ſi fort contra-
&ter les nobles habitudes de céte vertu,
qu'il l'exerce parfaitemét, parmy tous
ces defaux. Ie veux qu'il ait le tépera-
ment fort doux, & que ſon eſprit ſoit
éclairé ſans interuale, de toute la lumiere de ſa raiſon : Tous ces auantages
ne font pas vn homme clement : Il faut
que le Ciel en donne la trempe, &
qu'il imprime de ſa propre main, les
caracteres de cette vertu, dans l'ame
de celuy qui la poſſede.

Ie me moque de la clemence d'Auguſte, quelque fameuſe qu'elle ſoit
dans l'Hiſtoire, la cruauté l'auoit mile
fois deuancée à la ruine du public, & à
la honte de ſon ſiecle. Il fit grace à Cin-
na parce qu'il apprehendoit de nouueaux Brutus dans l'inquietude où il
étoit, il cherchoit ſon repos, & il vouloit épreuuer le remede de la douceur,
aprés

aprés auoir connu que celuy de la fe-
uerité luy étoit inutile. Et fi ce dernier
luy reüffit, ce fut par hafard plutôt que
par le confeil , puis que celle qui le luy
donna eut plus de pitié en céte rencontre, que de prudence.

Vn homme clement ne change jamais d'humeur: Il contracte dés le
moment de fa naiffance l'habitude de
cette vertu ; non pas par celle du fang,
mais plutôt par celle de la grace , qui
feule agit en la nature fans elle. Ce qui
faifoit dire à Aufone dans le Panegy-
rique de Gratian, qu'il étoit clement
plus que tous les hommes enfemble,
par ce qu'il étoit moins homme que
les autres : comme s'il eût voulu nous
perfuader que dans l'action de pardonner , fa nature étoit plus diuine
que mortelle.

Ne dois-je pas foûtenir maintenant
que nôtre augufte Reyne, quoy que
la plus grande du monde, s'éleue infi-

H

niment encore par fa Clemence au
deffus de fa grandeur? De dire que fa
nature aproche de celle de Dieu, il n'y
a nulle forte de proportion de l'étre
creé à l'independant : mais i'ofe auancer fans hyperbole, que quand vn
Ange animeroit fon corps, il ne fçauroit exercer cette vertu auec de plus
genereux fentimens qu'elle fait, puis
que la nature méme n'y contribuë
que fes organes.

Quinte Curce eft honteux de loüer
Alexandre de la clemence qu'il exer-
ça en faueur des Rhodiens, par ce que
la mere de Darius l'en auoit prié. En
effet il eft croyable que cette Princeffe
leur fit grace plutôt que luy, & qu'en
cette action il témoigna feulement
qu'il fçauoit obliger les dames plutôt
que pardonner aux hommes. La Clemence eft vne vertu toute pure des-
jntereffée : Et comme elle agit toûjours, elle confidere plutôt le bien

que son action produit, que le merite
de la personne qui le reçoit.

Platon, ce diuin Philosophe , nous
asseure que si les Dieux eussent fait
naître vn homme en terre aussi clement qu'eux, luy seul eut attiré tout
l'encens de leurs autels , sans auoir besoin d'autres miracles pour faire adorer sa diuinité, que ceux de sa clemence. Ce qui me donne cette pensée que
si ce Philosophe viuoit aujourd'huy,
il n'attendroit plus des Dieux cette
grace, voyant en nôtre grande Princesse la Cleméce même, puis que céte
vertu se fait admirer à découuert sous
son visage. Et c'est en vain, ce me semble, que sa Majesté nous impose tous
les iours de nouuelles loix de respect
& de seruitude : Sa Clemence seule
beaucoup plus puissante que sa Grandeur, luy fait à toute heure de nouueaux sujets, jusques dans les Royau-
mes d'autruy : De sorte qu'on peut

dire qu'elle a déja fait plus de conquestes sur les terres étrangeres par sa seule vertu, que ses armes victorieuses par le bon-heur qui les accompagne.

On lit des Parthes qu'ayant resolu d efaire batir vn temple à la Clemence sous le nom de Semiramis, cette fameuse Reyne, dont le merite donna de la jalousie aux plus parfaits Monarques de son tems, ne le voulut point permettre, de crainte que les coupables ne portassent des veux inutiles dans ce temple où elle n'abiteroit jamais, plutôt que dans son palais où elle pouuoit à toute heure leur faire ressentir les effets de sa bonté.

A quoy nous feruiroit d'eriger des Temples à nôtre fameuse Princesse pour eternifer la memoire de sa Clemence, si ses pensées & ses actions, nous ayans preuenu en ce dessein, ont déja consacré à sa gloire tous les lieux

qu'elle a habitez : car à n'en mentir
point; céte vertu regne en elle si absolument, & auec si peu d'interuale,
qu'on diroit que sa Majesté ne sçait
faire autre chose que pardonner.

C'est céte seule vertu que Seneque
souhaite à Neron pour le rendre deux
fois Maistre du monde , puisque de
tous ses sujets forcez elle en eut fait
autant d'esclaues volontaires. Vertu
si propre aux Roys, que Tacite nous
asseure qu'il n'est point de milieu entre elle & la tyrannie, puis qu'il faut
de necessité qu'vn Monarque soit clement ou Tyran.

On remarque d'Auguste qu'il ne fut
Clement qu'vne seule fois en toute sa
vie, lors qu'vn Cheualier Romain s'é-
tant arresté tout court à sa rencontre
pour l'apeller Tyrá. Ce Monarque luy
répondit sans s'émouuoir, qu'il le prenoit pour vn autre puis qu'il luy par-
donnoit l'injure qu'il luy faisoit, veri-

H iij

tablement on peut dire qu'en cette
action fa clemence parut auffi grande
que luy. Les jniures qui touchent nôtre reputation vont jufques au cœur :
& ce n'eft pas vn ouurage de la nature,
de nous donner vn temperament à
l'épreuue de leurs atteintes, il faut que
la grace ou vne vertu confommée re-
fiftent pour nous, fans nous mêmes,
en cette forte de combats.

C'eft dans ces feules rencontres auffi
que la Clemence a toute fon étenduë,
agiffant de foy-même, & en fes propres interefts, par l'aliance & par l'af-
finité qu'elle a auec l'ame qui la poffede, dont elle modere le reffentiment
jufques au point de la faire parétre
fans émotion, même dans fa cholere.
Il eft fort aifé de pardonner les fautes
qui ne nous regardent pas, par ce que
comme la pitié émeut d'abord nos
fentimens, elle accorde la premiere la
grace qu'on demande apres nous auoir

ofté le plus fouuent la liberté de la re-
fufer. Mais quand il y va, ou de nôtre
honneur, ou de nôtre bien, & qu'en
céte extremité il faut trouuer ce milieu que la vertu defire, ie veux dire
la Clemence, pour oublier l'iniure
apres l'auoir pardonnée, c'eft en céte
feule action qu'elle peut parêtre auec
tout l'éclat qui l'enuironne.

Il femble qu'vn Roy n'a pas droit de
porter ce titre, fi la Clemence ne regne
auec luy : non il ne fçauroit dignement
poffeder céte qualité s'il n'exerce fans
ceffe céte vertu, puis qu'elle imprime
fur fa Majefté les vrais caracteres de la
puiffance legitime, qui tient fes fujets
enchaînez par le cœur plutôt que par
leur condition, aux loix de fon Empire : Toutes les autres vertus ne luy
fçauroient donner vne folide eftime :
il faut de neceffité que la Clemence
trauaille à la coronne que les autres
vertus luy font, & qu'elle même en

paracheue l'ouurage, pour y faire éclater deſſus les marques de ſa main, comme ſeule capable de la mettre hors de
prix.

Plutarque, aprés auoir admiré ſi
ſouuent la vie de tous ces Heros qui
ont eterniſé ſi ſouuent la memoire de
leur ſiecle auec celle de Rome, & d'A-
thenes, s'étonne le premier de céte
haute reputation qu'ils ſe ſont acquiſe
ſans l'ayde de la Clemence, qui ſeule
fait tous les grands hommes que nous
voyons. L'vn étoit heureux & vaillant
comme Alexandre, l'autre éloquent &
courageux cóme Ceſar, celuy-la Iuſte
& prudent cóme Ageſilaus, & celuy-
cy chaſte & inuincible cóme Scipion:
mais aucun n'a affecté de porter le
titre de Clement, qui ſeul donne
l'éclat à tous les autres. De vous en
dire la raiſon, c'eſt que la Clemence, ſe-
lon l'opinion du Prophete, ſemble
étre plus propre à Dieu que les autres
vertus:

vertuz : & ils ne le connoiſſent pas. De
ſorte que d'autant plus céte vertu
étoit diuine, & moins en auoient-ils
les habitudes, ſe laiſſans conduire à la
nature, quoy qu'elle fût auſſi aueugle
qu'eux. Ce n'eſt pas qu'ils n'euſſent
leurs faux Dieux : mais comme ils n'é-
toient faits que de pierre ou de bron-
ze, on peut croire que retenant quelque choſe de leur matiere, ils inſpi-
roient à ces illuſtres Idolatres, la
cruauté plutôt que la douceur.

Toute la grandeur des Roys ne conſiſte qu'à pardonner les fautes d'autruy, & à n'en commettre jamais : &
c'eſt ſur ce fondement que i'éleue au
deſſus de nôtre veuë la gloire de nôtre
auguſte Reyne, puiſque l'Hiſtoire
méme qui fait foy de toutes celles
qui l'ont deuancée, ne me fournit
point d'exemple de ſa grande Clemence, & moins encore de ſon eminente probité.

I

O Clemence Diuine, s'écrie S. Auguſtin, que feroit la nature humaine
ſans toy ? Tu ne ſçais que pardonner,
comme elle ne ſçait que faillir ; elle
tombe toûjours , & tu la releues ſans
ceſſe : Dans ſa plus grande inocence
elle peche ſept fois le iour? que feront
elles ſans toy, dit-il encore, ſi tu ne luy
pardonnois auſſi ſouuent ? O Clemence trois fois adorable, pourſuit-il,
le Ciel, la Terre , & les Enfers ſont
egalement remplis de ta gloire : le
Ciel par la grace que tu as confirmée
aux Anges : La Terre par celle que tu
fais continuellement aux hommes, &
les Enfers par céte nouele dont tu mo-
deres la peine des damnez, ne ſoufrás
jamais à l'égal de leurs crimes. Don-
nons le dernier coup de pinceau à ce
troiſiéme trait de Tableau, & ſeruons
nous ſur ce ſujet des merueilles
de l'art, pour repreſenter en abregé
celles de la nature.

Tous les fiecles auront fans doute
en veneration la precieufe memoire
d'Agripilde Reyne des Medes, laquelle ayant receu les nouuelles de la mort
de fon époux, dans le lit où elle étoit
attainte de la maladie dont elle mou-
rut le jour même , elle voulut employer le refte de céte derniere iournée à faire grace à tout le monde,
commandant qu'on ouurit les prifons
dans toutes les terres de fon Empire?
comme fi elle n'eût peu mourir auec
plaifir qu'en exerçant fa Clemence
auec excés. Ne puis-je pas dire maintenant que tous les moments de ce
dernier iour d'Agripilde , compo-
fent la vie de nôtre grande Reyne ,
puis qu'elle ne refpire que pour pardonner, & qu'elle ne regne que pour
faire grace à tous ceux qui la luy de-
mandent. Iour qui luit encore auec
tãt d'éclat, dans la memoire des hommes, que la pofterité n'en verra iamais

éclipſer la lumiere : vie ſi glorieuſe,
pour étre pleine & de douceur,& de
clemence, que le temps ny la mort
n'en ſçauroient terminer le cours.
Mais ie ne m'aperçoy pas qu'en
loüant la Clemence de nôtre digne
Reyne, ie fais les éloges de ſa bonté.
Il faut donc qu'elle me fourniſſe de
couleurs pour la repreſenter auec
tous les efforts de mon induſtrie
dans le quatriéme trait de ce Tableau.

SA BONTE'

CHAPITRE IV.

A bonté eſt la vertu des Eleus ; c'eſt le caractere des ames predeſtinées, & la ſeule marque que le Ciel imprime dans leurs cœurs auant qu'ils reſpirent le iour, pour les diſtinguer des autres, à qui la nature ſeruant de mere nourrice fait ſuccer auec ſon laict le venin de ſa malice noire & inueterée. Ouy c'eſt la trempe de tous les nobles temperamens; c'eſt la baſe, diſ-je, & le fondement des plus belles

qualitez de l'esprit, puis qu'en effect
sans la bonté l'homme n'en porte que
le nom & l'aparence.

C'est cette vertu, dit Seneque, qui
justifie le commerce de nos actions,
& qui sert de caution à nous mêmes
en toutes sortes d'entreprises pour la
durée de nôtre repos. En effect que
peut aprehender vne ame dont les
sentimens ne different point de ceux
de la Bonté? Que le Ciel ne paraisse jamais qu'à la lumiere de ses éclairs, que
tout l'vniuers tremble au bruit de ses
foudres; Elle demeure immobile parmy ces orages, ou si elle s'émut, ce ne
doit estre que de la joye de sa propre
confiance, trouuát sa seureté au fonds
de son cœur, par la seule grace de celuy
qui l'anime.

Que si vous doutez de cette verité,
l'exemple de nôtre grande Reyne
vous seruira tout à la fois & de lumiere
& de leçon pour éclaircir vos esprits

en les inſtruiſant : Car ſi iamais la
Bonté s’eſt rendüe maiſtreſſe abſolüe
d’vne ameRoyalle,il faut que l’Enuie
même confeſſe aprésla voix publique,
que nôtre auguſte Princeſſe nous en
fait voir auiourd’huy la merueille, ou
plutôt le miracle par le témoignage
de ſes actions, plutôt que par celuy de
tous les peuples. Iamais Bonté n’a
paru auec plus d’éclat aux yeux de
tout le monde que la ſienne , & comme elle ſe fait connoître & reſſentir
à même tems, tous les étrangers qui
l’aprochent , deuiennent ſes ſujets
par l’enuie qu’ils ont de la ſeruir en
changeant de Maître.

N’eſt-ce pas cette grande Bonté
qui l’a fait aymer de ſes ſujets, mais
d’vne amour de ſeruitude volontaire
plutôt que neceſſaire ? De ſorte qu’on
pouuoit ſoûtenir dés le moment
qu’elle arriua en France, qu’elle faiſoit ſon entrée dans nos cœurs, auſſi

tôt que dans nos Villes , puiſqu'elle regne dans les vns auéc la même autorité que dans les autres.

N'eſt-ce pas, diray-je encore, cette même Bonté qui l'a faite eſtimer auec des reſpeĉts extraordinaires durant le tems de ſa longue ſterilité ? choſe admirable, qu'vne Reyne étrãgere ait regné vingt-ans ſans porter la qualité de Mere , & ſans attirer la haine de ſes ſujets , dans vn Royaume où les Dauphins ſont toute ſa joye, & toute ſa felicité. Ce ſont des merueilles que toutes les autres vertus ne ſçauroient produire, & que la Bonté ſeule de nôtre digne Princeſſe a miſe au jour, à l'honneur de ſon ſexe à l'vtilité des François, & à l'auantage de toute l'Europe.

Quels nouueaux témoignages d'affeĉtion ne rendit pas le peuple de Paris à ſa Majeſté pendant ſa grande maladie, ſe faiſant voir tous les matins en

foule

foule à la porte de ſon Louure dans
l'impatience d'aprendre des nouuelles de ſa ſanté ; & dés le moment qu'il
en étoit heureuſement informé, il
accouroit à diuerſes troupes à nôtre
Dame pour y chanter de cœur plutôt
que de bouche le TE DEVM en
action de graces : mais certes on peut
dire que toutes ces preuues d'amour,
d'eſtime, de reſpect, & de ſeruitude
eſtoient autant de deuoirs, dont on
s'aquitoit enuers ſa Bonté comme
d'vn tribut de zele qu'on luy payoit
auec plaiſir.

Tertulian parlant des vertus, dit que
la Bonté ne peut porter ce nom, par
ce qu'elle a quelque choſe en ſoy de
plus diuin que les autres, ne ſe produi-
ſant pas dans nos ames par vne ſimple habitude au bien ; mais plutôt par
vne forte auerſion au mal : Et comme
en cela il ſemble que la grace agiſſe
ſeule, on peut croire que c'eſt vn don

K

du Ciel plutôt qu'vne faueur de nature. En effet vne ame qui a la Bonté en
partage,ne peut conter au nombre de
ſes vertus céte qualité;puis que celles-
là ſont acquiſes, & que celle-cy luy a-
partient en propre ; il n'eſt point d'e-
xemple de bonté capables d'en imprimer les caracteres dans vne ame qui
n'en a pas receu les ſemences; c'eſt vn
œuure du Ciel où l'induſtrie de la nature ne peut attaindre. Ne vous ima-
ginez donc pas que nôtre Reyne ait
vne bõté d'habitude;c'eſt vne vertu,ſi
ie la puis nommer ainſi,dont le Ciel a
voulu remplir ſon ame dés l'inſtant de
ſa creation,pour la rẽdre auſſia bſoluë
ſur nos volontez que ſur nos vies, par
la force de l'amour,plutôt que de l'autorité : ce qui l'éleue ſi haut au deſſus
méme de ſes ſemblables , que ie crain-
drois de l'offencer ſi i'en faiſois la
comparaiſon.

Origene nous aſſeure que ſi les An-

ges auoient vn corps, la Bonté l'animeroit, étant d'vne nature qui se
produit, & qui se communique d'elle
méme à toutes sortes d'obiets, sans en
auoir vn seul determiné.

Ce qui me fait croire que la Bonté
dont nôtre grande Reyne est animée,
tient plus de l'Ange que de l'Homme,
puis qu'elle a le Ciel pour objet, quoy
qu'elle n'agisse qu'en terre ; ie veux dire, qu'elle ne trouue point de limites
ny dans ses pensées, ny dans ses actiós,
songeant toûjours à faire des nouuelles graces, dés le moment qu'elle en a
fait vne. De sorte qu'on peut dire que
la Bonté luy est aussi propre que l'é-
tre, si elle n'est au monde que pour
faire du bien.

La Bonté differe de la Clemence,
en ce que celle-cy ne s'estend que sur
les coupables, & celle-là sur toutes
sortes de personnes ; l'vne regarde
toûjours le but où elle vise, l'autre

prend ſa viſée dãs des eſpaces infinis, ne pouuant donner de l'interuale à ſon action: ce qui la rend d'autant plus admirable, qu'elle ſe communique de méme que le Soleil, qui d'vn ſeul de ſes regards donne le iour à tout le monde, ſans diſtinction ny de perſonnes, ny de lieux.

On ne peut plus douter de la Clemence de nôtre gãde Princeſſe, puis que de céte verité ſes actions continuelles en ſont les témoins irreprochables mais quelque éminente que paroiſſe céte vertu, ſa Bonté ne ſçauroit ſoufrir de comparaiſon auec elle, eſtant ſi diferentes & en leur procedé, & en leurs fins, qu'encores que toutes deux meritent des coronnes, il faut toûjours auoüer que celles de ſa bonté ſont ſans nombre, & ſans prix.

Origene dit que la Bonté eſt ce veritable aymant qui attire le fer, ou

plutôt qui amolit la dureté des cœurs
les plus farouches : Que c'eſt ce puiſſant charme dont on ſe peut ſeruir
innocemment pour faire des jdola-
tres ſans crime. Plutarque l'apelle l'inuincible, pour ce que rien ne luy reſi-
ſte, non pas méme l'enuie : car ne
pouuant ſe taire, elle ſe trouue à la fin
contrainte d'en parler dignement.

Vous en voyez vn nouuel exemple
en nôtre Auguſte Reyne, ſa Bonté
eſt ſi adorable, qu'elle a déja mis au
nombre de ſes ſujets tous les peuples
de la terre ; c'eſt le ſeul charme dont
elle ſe ſert aujourd'huy pour regner en
tous lieux auſſi abſolument que dans
ſon Louure : & c'eſt en vain, ce me
ſemble, qu'on l'enuironne de gardes,
ſi chacun veille à ſa conſeruation, ſoit
dans les veux publics , ſoit dans les
ſoins particuliers ; s'eſtant acquis vn
tel empire ſur tout le monde, par la
ſeule force de ſa Bonté, que céte ma-

K iij

xime, qui veut que la connoissance precede l'amour se trouue fausse en elle, puis que ceux mémes qui n'ont jamais eu le bon-heur de la voir, ont autant d'affection que de respect pour sa Majesté.

Suetone nous raporte de Tite, ce fameux Monarque, dont le nom n'a pas moins donné d'éclat à la qualité d'Empereur, que celuy d'Auguste, qu'on l'apelloit les delices du genre humain par la seule reputation de sa Bonté.

Ce n'est pas qu'il ne fût juste, sage, & vaillant : mais comme il étoit encore bon, céte qualité jointe à toutes les autres le faisoit paraître aux yeux de tous ses peuples si accomply, que d'vne commune voix ils l'apelloient leurs delices.

Quoy les siecles passez à l'enuy l'vn de l'autre, auront eternisé la memoire de cét Empereur, par ce qu'il auoit

quelque marque de Bonté? Et quels
honneurs ne doit pas rendre celuy-cy
à nôtre grande Princeſſe, ſi ſon Regne
eſt celuy-méme de céte vertu? Ouy,
c'eſt elle qui paroît à nos yeux ſoûs le
viſage de nôtre digne Reyne: Et ſi Tite autres fois fut les delices de ſes ſujets, parce qu'il étoit extremement
bon; Nôtre ANNE incomparable eſt
aujourd'huy toute la felicité de ſon
peuple, parce que ſa Bonté eſt hors
de comparaiſon: Et i'apelle à témoin
toutes les nations de la terre de céte
verité, puis que la voix publique, qui
en a répandu le bruit auſſi loin que le
Soleil porte ſa lumiere, leur en a donné la connoiſſance auec l'admiration.
Tournez le feüillet, vous lirez de nouuelles merueilles.

On remarque dans l'Hiſtoire d'Ar-
taxerxes, que le premier iour de ſon
Regne fut vn iour d'audience publique pour tous ceux qui auoient ſujet

de fe plaindre de luy , afin qu'apres
auoir fatisfait vn chacun,il peut viure
en paix auec tout le monde, & ce procedé luy fut fi heureux , que le lende-
main de céte action il pouuoit conter
au nombre de fes amis tous fes fujets,
puis qu'aucun ne fe mit en eftat de
troubler fon repos,durant les longues
années de fon Empire.

N'eft-il pas croyable que nôtre Augufte Reyne eût imité ce Monarque
aux premiers iours de fa Regence, fi
quelqu'vn eût eu fujet de fe plaindre
de fa Majefté? mais comme elle a efté
toûjoursd'humeur à faire du bien, jufques à fes ennemis,fi elle eût dóné des
audiences publiques,ce n'eût efté que
pour receuoir des remerciemens de
tout le monde, au lieu de plaintes.

Paterculus voulant loüer Tibere au
commencement de fonRegne,de tout
le bié qu'il pouuoit faire,luy dit que fa
Bonté faifoit déja reffentir à fes peuples

ples tous les auantages qu'elle luy prometoit ; par ce que comme c'é-toit vne qualité que les Dieux luy auoient donnée pour autruy, aussi bien que pour luy même, ils estoient obligez à la rendre eternelle ; & que c'estoit sur céte éternité qu'il jettoit les fondemens de la gloire de son Empire, & du repos de ses sujets.

Que si la flatterie a donné ces Eloges à ce Monarque, ne faut-il pas que la verité éclatte hautement pour publier à l'honneur de nôtre digne Reyne, qu'elle nous fait ressentir aujourd'huy par auance toutes les douceurs que la longueur de son Regne nous fait esperer : non pas par vne bonté feinte comme celle de Tibere ; mais par vne veritable, qui fait la plus noble partie d'elle méme. Bonté qui sera sans doute eternelle, puis qu'elle procede d'vne source infinie.

L

Ariſtote dit, que la Bonté produit l'amour auſſi bié que la Beauté: mais auec céte difference toutesfois que celle-cy ſe fait aymer par vne douce contrainte, & celle-là par vne forte raiſon:& l'on peut dire que ſi la Beauté fait naître l'amour dans les cœurs, la Bonté empeſche qu'il n'y meure. C'eſt la penſée de Ciceron qu'il n'apartient qu'aux ames qui ont la Bonté en partage de ſçauoir aimer eternellement, par ce que comme elles ont de la peine à haïr, elles ſuiuent toûjours leur premiere inclination, dont les chaînes ſont d'vne ſi forte trempe qu'elles ne ſe rompent iamais.

Que la colere de l'Empereur Adriã eſt agreable, quád il táce ſes Miniſtres du mauuais conſeil qu'ils luy donnent de ſe faire voir rarement à ſes ſujets, & de ne paroiſtre jamais deuant eux qu'auec vn viſage ſeuere, pour conſeruer toûjours céte Majeſté qui eſt

propre & affectée aux grands Monarques. Non non, leur respondit il auec
céte même seuerité qu'ils luy vouloiét,
persuader, ma condition souueraine,
ne me fait point changer de façon de,
viure. La Douceur & la Bonté des,
Roys seruent également d'éclat à la,
Majesté qui les enuironne : Et si elles,
n'ont pas assez de pouuoir pour les,
faire craindre, il sufit qu'elles ayent,
des charmes pour les faire aymer. Re-
ponse vrayement Royale. En effet
que peut-on adjouter à la Majesté
d'vn grand Roy, si la douceur de son
visage, & celle de son accueil char-
ment d'abord tous ceux qui s'en a-
prochent? vne douce parole, dit Salomon, rauit l'esprit auec plus d'effort
qu'vn riche present, par ce que la
main donne celuy-cy, & le cœur, celle-là, étant conceuë dans l'ame auant
qu'estre proferée de la bouche. D'où
vient que l'Empereur Ferdinand don-

L ij

noit tous les iours audience publique,
ſçachant par experience que la douceur de ſon abord, & celle de ſes paroles luy acqueroient plus d'amis, que
ſes riches preſens ne luy en pouuoient
faire. Côme c'eſt le propre de la Bonté à reprendre ſa lumiere ſur tous les
objets qui l'enuironnent, elle ſe fait
aymer par neceſſité lors qu'elle ſe fait
connoiſtre par force, vſant en quelque
façon de violence pour percer le bandeau des aueugles volontaires.

Mais à quoy ſeruent tous ces exemples étrangers pour repreſenter la
Bonté de nôtre auguſte Reyne, ſi ſon
accueil, ſi ſon abord, ſi ſes paroles, ſi
ſes actions egalement animées de douceur & de grace, rauiſſent tout le monde? Ie veux que ſa naiſſance, & ſa premiere nourriture ayent éleué ſa jeu-
neſſe dans l'humeur graue & ſeuere
de ſa nation; ſes inclinations plus fortes que ſes habitudes, luy donnant

d'autres leçons, l'ont renduë si douce, & si familiere enuers ses sujets
qu'on diroit qu'elle oublie souuent sa
qualité de Reyne ; tant elle se plaist à
cacher ses grandeurs pour attirer leur
affection, & bannir leur crainte.

Qui s'est jamais plaint de sa seuerité
en l'abordant, & de ses paroles en la
supliant ? la bonté de son cœur paroif-
ant à découuert sur son visage, celuy-
cy promet tout à coup, ce que l'autre
donne à l'instant même : De sorte qu'õ
peut dire de sa Majesté ce qu'vn Hi-
storien a dit autresfois de la Reyne
Blanche, qu'elle auoit toutes les qualitez que la Nature luy pouuoit donner, fors que la Bonté, par ce que c'é-
stoit vn present du Ciel, dont luy méme l'auoit enrichie. Ie me sers de céte
verité, comme de la plus viue couleur
que ie puis mettre en vsage pour ache-
uer le quatriéme trait de ce Tableau,
en publiant que la Bonté de nôtre

grande Reyne eſt ſi parfaite, que ſi les Anges pouuoient étre touchez de ialouſie, ſa perfection en ſeroit l'objet.

SA LIBERALITE'

CHAPITRE V.

E cinquiéme trait de ce Tableau emprunte fon éclat des couleurs dont il eft formé, paraiffant fi belles dãs cét employ, que l'art ce me femble n'y peut riẽ ajoûter, de quelque effort que mon efprit l'anime. Il eft vray que la matiere dont elles font compofées, eft fi riche d'elle même, puisqu'elle tire fon prix des actions heroïques de nôtre augufte Reyne; dans l'exercice ordinaire de fon admirable liberalité,

qu'on ne doit point treuuer étrange
qu'vne ſi belle cauſe produiſe de ſi
merueilleux effects.

Seneque apres auoir recherché cu-
rieuſement tous les éloges qu'on peut
donner à la Liberalité , nous aſſeure
que céte vertu eſt infiniment eleuée
au deſſus des loüanges qu'on luy at-
tribuë , par ce que comme les Dieux
pareſſent viſiblement en elle , ſe pro-
duiſant eux mêmes dans toutes ſes
actions, ſi c'eſt leur propre de donner;
la nature ne nous a point encore apris
de langage pour exprimer l'honneur
qui luy eſt deu, puis qu'il eſt plus diuin
que mortel.

Certes la Liberalité de nôtre digne
Princeſſe me fournit d'abord tant de
ſujet de loüanges & d'admiration,
que ie ne ſçay que dire pour en parler
dignement, & ie ne puis me taire pour
rendre ce que ie dois à la grandeur de
ſon merite. Reduit à ces extremitez , il

faut

que ie trouue vi. ______ ____tion-
né à mon pouuoir plutôt qu'à sa gloire, & que de céte forte ie publie à ma
façon les merueilles dont céte vertu a
esté l'ouuriere en nôtre grande Reyne, sans considerer leur prix, & moins
encore leur nombre , puis que l'vn
est hors d'estime, & que l'autre n'a
point de limites.

Mais pourquoy publieray-ie les Liberalitez de céte auguste Reyne, si
tous les mortels en sont les admirateurs, si tous ses suiets en sont les tes-
moins, & si la renommée ne porte
point de trompette auiourd'huy, que
pour faire éclatter le bruit de céte verité sur toute la terre ? Peut-on voir
vne ame plus remplie de la volonté de
faire du bien que la sienne ? Fut il iamais inclination à donner, plus forte
que celle qui la possede ? Et quelle autre humeur toûjours égale, trouuera-
t'on plus disposée à preuenir les sou-

haits, & les penſées mêmes des plus
neceſſiteux ? l'Hiſtoire n'a point d'é-
xemple à nous donner pour en faire
comparaiſon. Que Quint Curce vante ſon Alexandre, & Pline ſon Tra-
jan : l'vn en donnant beaucoup, ſe re-
ſeruoit l'ambition tyrannique, &
l'eſperance criminelle, d'acquerir
dauantage, par la ſeule force de
ſes armes, & l'autre en faiſant des
preſens, ſe ſatisfaiſoit toûjours le
premier de la vanité qui luy en demeuroit.

Mais nôtre Auguſte Reyne étant
née liberale, pratique continuellement céte vertu, en tout temps, en
tous lieux, & enuers toutes ſortes
de perſonnes, ſans autre intereſt
que celuy de ſuiure ſes nobles ſentimens, & ſes genereuſes inclinations,
par la ſeule raiſon de bien faire, en
donnant à tout le monde : Et pour
moderer encore le plaiſir qu'elle y

prend, elle cache ſes plus grandes liberalitez, & en perd la memoire, afin
qu'en les oubliant elle ſoit priuée de
la complaiſance de les auoir faites.

Les Atheniens repreſentoient la Liberalité ſous l'image d'vne Deeſſe tenant vn vaſe que le Ciel rempliſſoit
d'vne pluye d'or, à meſure qu'elle la
repandoit ſur la terre : voulant nous
faire voir dans ce Hierogliphique,
qu'vne ame liberale tirant ſa vertu du
Ciel, il la rempliſſoit toûjours de ſoy
mêmes, quoy qu'il parût à nos yeux
que ſa ſource ſe tariſſoit à tous momens; c'eſt la penſée de Demoſthene
dans la harangue qu'il fit à Alexandre, quand il luy dit qu'il auoit beau
donner ſes Treſors, ſa liberalité étoit
vne mine qui luy en produiſoit d'autres à tous momens. En effet la vraye
liberalité enrichit toûjours celuy
qu'elle ſemble apauurir : c'eſt vn
flambeau qui peut comuniquer ſa

M ij

lumiere à vn nombre infini d'autres
fans affoiblir fon éclat; c'eft vne mer
qui n'ayant ny fonds ny riues , peut
produire mille fontaines , auec autant de fleuues,& demeurer toûjours
dans fon comble: mais il faut aduoüer
que cére vertu , comme dit Plutarque, eft fi rare , que les fiecles paffez
n'en ont veu que de fauces images.
Cefar auoit beau eftre liberal , il ne
donnoít jamais que le bien d'autruy,
puis que fes profcriptions luy acqueroient plus de trefors qu'il n'en auoit
dans fes coffres. Tibere, qui poffedé
d'vn excez d'auarice vouloit eftre ac-
cufé de prodigalité , donnoit d'vne
main ce qu'il voloit de l'autre.

La liberalité n'eft point attachée à la
main qui fait le prefent : mais plutôt
au cœur quil'anime : Et c'eft ce cœur
que la nature prend tant de peine à
former durant plufieurs fiecles. Encore remarque-t'on le defaut de fon

pouuoir dans celuy de son ouurage,
n'ayant pas l'industrie de le paracheuer si le Ciel n'y met la main.

La liberalité est le caractere des
Dieux, dit Seneque : c'est céte noble
effusion qu'ils font d'eux-mémes
dans les plus belles ames, pour les faire regner sur la terre aussi absolument
qu'ils regnent dans le Ciel. Ie sçay
bien que la Pieté est toute diuine, que
la Iustice n'a rien de mortel , que la
Clemence nous demande des sacrifices, & que la Bonté s'éleue au dessus
de nôtre nature : mais il faut aduoüer
que la Liberalité a quelque droit de
préeminence sur toutes ensemble,
soit pour sa genereuse façon d'agir
qui charme tout le monde, soit pour
l'auctorité absoluë qu'elle prend, sans
tyrannie sur les cœurs. Vn homme liberal tient si peu de sa condition mortelle & perissable, qu'il ne peut souffrir de comparaison auec les autre·

hommes, par ce qu'en effet c'en eſt vn
ſi nouueau & ſi rare dans le ſiecle où
nous ſommes, qu'on cherche inutilement ſon pareil. Ie veux qu'on pren-
ne ſoin à l'imiter, & que l'habitude
nous face voir quelques marques de ſa
reſſemblance: ce ſont toûjours de fauces images d'vn veritable original
dont l'art ne peut tirer des copies.

Les actions de la Liberalité ſont
bien plus nobles que celle de la Bonté,
& de la Clemence, par ce que ces
deux dernieres vertus ne donnent
rien de leur propre: tout au contraire
de la Liberalité qui ne fait jamais de
preſens que de ce qui luy apartient.
Celles là ont beau ſe produire, & ſe
comuniquer à tout le monde: elles
retienent toûjours en quelque ſorte le bien qu'elles font, puis qu'elles le cauſent ſans le donner: mais
la Liberalité s'éleuant d'elle-même
au deſſus de la nature, en mépriſe

ſes maximes, & ſe priue de ce qui luy
eſt neceſſaire pour en fournir autruy.

C'eſt céte charité morale que les
Payens exerçoient par vn ſentiment
de vanité, plutôt que de raiſon, ſans
connoître ſon merite: car ſi céte vertu
n'eſt illuminée de la grace, ie veux dire qu'elle ſe pratique ſans auoir vn objet digne d'elle, elle change de nom
pour prendre celuy de la prodigalité
qui luy eſt opoſée.

Toutes les vertus ſont Chreſtien-
nes, puis que Ieſûs-Chriſt en a eſté luy
ſeul la ſource, on ne les a veuës icy bas
que par ſes actions, on ne les a con-
nües que par ſes inclinations, & l'e-
xemple de ſa vie eſt le ſeul miroir qui
nous les repreſente encore. Ce qui
nous oblige de croire que la Liberalité
de même que les autres vertus n'ont
eſté jamais pratiquées des Gentils,
que par vne ſimple habitude des ſens,
& par vne foible raiſon de nature,

n'ayant d'autre objet que le faux honneur du monde, dont les coronnes se
reduisent en cendres, auec les testes
qui les portent.

La vraye Liberalité, dit S. Augustin,
se pratique enuers les pauures, par ce
que comme en céte action elle paroît
des-interessée donnant les biens de la
possession pour ceux de l'esperance,
ces objets éloignez des sens, épreu-
uent son merite.

C'est de céte sorte que nôtre digne
Princesse pratique dignement sa vertu de Liberalité, puis que ses plus riches presens sont destinez aux pauures. Ce n'est pas que son humeur liberale ne répande ses biens-faits sur
tout le monde : mais les tresors de son
Epargne sont toûjours reseruez pour
les plus necessiteux. Et en cela on peut
dire que son cœur deuance sa main,
pour témoigner que son inclination
preuient son deuoir : comme si elle ne
pouuoit

pouuoit refifter à elle même quand
il s'agît de foulager vn affligé.

Admirable Vertu merueilleufe habitude ! fentiment tout diuin, de n'a-
uoir de repos qu'en trauaillant pour
celuy d'autruy ! elle ne fe contente pas
de faire des prefens, elle en augmente
de moitié le prix en les donnant auant
qu'on les fouhaite , comme fi elle
croyoit qu'vn defir les achetât : Adorable Vertu , dirai-je encore, de donner promtement, pour donner deux
fois, & de partager méme la honte de
celuy qui demande , par le regret de
ne l'auoir preuenu ! C'eft la noble façon d'agir de noftre Augufte Reyne.

La penfée de Zenon le Philofophe
eft digne de remarque, quand il nous
affeure que les hommes liberaux font
fils du Soleil, puifque comme luy ils fe
donnét inceffament à tout le monde :
le pere par fa lumiere portant le iour
par tout où il porte fes regards, & les

N

BIBLIOTHEQUE IMPR.

enfans par leur bonté , la communiquant à toutes fortes de perfonnes,
auffi fouuent qu'ils font des prefens.

Ce qui rend d'autant plus admirable nôtre grande Princeffe , que céte
vertu regne aujourd'huy en elle, & par
elle feule ; mais fi abfolument qu'elle
partage fon authorité fouueraine. Ie
veux qu'elle forte d'vne Race auffi liberale qu'Augufte, & que tous fes illuftres Anceftres fe foient rendus tels
dans la memoire des hommes, par des
liberalitez auffi grandes que leur condition ; Tous ces auantages luy en
donnent fi peu pour acroitre les
loüanges qu'on doit à fon humeur liberale, que ceux qui en connoiffent le
merite font contrains de l'admirer en
elle feule, comme s'il perdoit quelque chofe de fon éclat, dans la comparaifon de celuy de fes ayeuls. En effet
ie treuue fi peu deraport des liberalitez de tous les Monarques qui l'ont

deuancée à la sienne, que la flaterie de
leur siecle n'a sceu leur donner dans
l'Histoire, les honneurs que la verité
rend en tous lieux, à sa Majesté.

Plutarque loüe hautement la liberalité de Fabius Consul Romain pour
auoir payé la rançon de ses soldats de
la vente de ses biens : mais comme en
cela sa parole le tenoit engagé, il fut liberal par necessité plutôt que par inclination. La Liberalité agit toûjours
librement : elle s'impose les loix qu'elle veut suiure : & quoy qu'en ses
actions elle n'ait point d'objet determiné, donnant d'vne même main à
tout le monde, la raison guide ses sentimens, sans pouuoir toutefois les
contraindre.

Philippe & Alexandre étoient bien
differens d'humeur : l'vn prenoit les
forteresses par argēt, l'autre les cœurs
de ceux qui les gardoient, & i'ose dire
que la conqueste du fils, étoit bien

plus glorieufe & plus affeurée que celle du pere, puifque celuy-cy laiffoit
toûjours aux encheres les places qu'ō
luy vendoit, & que celuy-là s'en rendoit le maiftre en s'y faifant aymer,
auant que s'y faire obeïr.

Quand l'intereft fe méle dans nos
liberalitez, elles changent de nom en
perdant leur éclat; vne ame genereufe n'a que des commerces d'honneur;
& comme fes penfées ne vifent iamais
qu'au biē d'autruy, & à la fatisfaction
de foy méme, tous fes deffeins font
glorieux, & fes actions charitables.

Les Romains vouloient paraître
fans doute liberaux quand ils donne-
rent l'Afie au Roy Attalus: mais c'é-
toit vn prefent qui n'étoit confiderable que par le prix plutôt que par
la joüiffance, puifque ce Prince n'a-
uoit que la qualité de depofitaire, en
portant le nom de poffeffeur.

Il n'apartenoit qu'au feu Roy d'hureufe memoire de conquerir les Prouinces entieres, & de les rendre à leurs Princes repentans. Ce grand Monarque fe contentoit de faire voir fa puiffance à fes ennemis, & fa Iuftice à tout le monde, ne pouuant fe defendre contre vn cœur humilié. Et c'eft en ces rencontres que les Roys peuuent paraitre genereux; fi c'eft vne grande liberalité de rendre le bien qu'on peut conferuer fans tyrannie.

Certes les fentimens de Tite, ce fameux Empereur, me paroifsét diuins, quand il veut qu'on éface des années de fon regne vne feule journée qu'il a paffée fans faire des prefens : Et que peut on ajoûter à céte liberalité, que l'exéple de nôtre Augufte Reyne, puis qu'étant exemte de céte reproche dót le repentir efaça la tache, elle feule peut auiourd'huy meriter céte gloire de ne s'eftre jamais couchée, ie ne dis pas durant fon Regne : mais dés fa pre-

miere jeuneffe, fans auoir obligé quelqu'vn de fes graces , ou de fes biens
faits. Generofité dont la grandeur ne
fe peut égaler qu'à celle defa naiffance, puis qu'elle ne fouffre point de
comparaifon icy bas.

Qu'on publie hautement la liberalité de Hicocreon qui fit abattre les
murailles de fes jardins pour donner la
liberté à vn chacun d'en cueillir les
fruits à toute heure. Que tous les fiecles loüét, à l'enuy l'vn de l'autre, la generofité de Proxiles, pour auoir fait de
fa maifon vne hoftelerie à loger les
paffans. Que la voix publique d'âge en
âge eternife la memoire de Forcilée,
Reyne des Medes, pour auoir donné
en prefens le premier iour de fõ Regne
tout le reuenu de l'année : Ces liberalitez quelques grandes, qu'elles foient,
perdent vne partie de leur eftime dans
la comparaifon de celles de nôftre
grande Princeffe, puis que fon cœur

vrayement genereux ne ſçauroit eſtre
jamais raſſaſié de l'enuie de donner,
dans l'excez même des biens-faits dõt
elle comble tout le monde. Car quand
ie conſidere que ſon Louure ne ſe ferme jamais aux ſuplians, que ſon Cabi-
net eſt toûjours ouuert pour leur dõner audience, & qu'elle n'a point encore refuſé vne ſeule demande où il y
ait eu quelque aparence de juſtice, i'o-
ſe ſoûtenir que ſes paroles ſont autant
de treſors qu'elle diſtribuë à tous ceux
qui en deſirent, puis que d'ordinaire
elle ne parle que pour accorder les
prieres qu'on luy fait. Ce qui m'oblige
de publier en ſa faueur ce que Octa-
uius Strada a dit de Pulcherie, qu'elle
auoit paſſé ſes jours fort delicieuſe-
ment, puis qu'elle en auoit employé la
plus grande partie à faire des preſens.
Noſtre grande Princeſſe n'a point de
plus ſerieuſe ocupation hors de ſon
Oratoire, que celle d'écouter les prie-

les qu'on luy fait, ou de prendre les
requeftes qu'on luy prefente, dans la
paffion continuelle où elle eft de donner toûjours : & c'eft en cét exercice
ordinaire qu'elle paffe fa belle vie, pour
la rendre plus belle encore , & auffi
heureufe, puis que fa liberalité fait
vne de fes felicitez icy bas. N'a-t'on
pas fujet de croire d'elle ce qu'on difoit de l'Empereur Conftantin, qu'il
aymoit mieux que les trefors de fon
Efpargne fuffent entre les mains des
particuliers, que les richeffes des particuliers dans fes coffres , car à n'en
mentir point , fa Majefté diminuë
tous les jours la dépence de fa Maifon,
pour n'eftre pas contrainte d'augmenter les impofts fur fon peuple, quelque
grande que foit la neceffité d'argent
durant la guerre ; Et ce qui eft plus
confiderable encore , c'eft que de la
rente de fes menus plaifirs, elle en fait
auiourd'huy celle des Hofpitaux ; &

des

des Cloiſtres, employant de céte ſorte le reuenu de ſes petites neceſſitez à
ſoulager les grandes de beaucoup de
familles eſtrangeres, dont la nobleſſe
à force de hôte, leur oſte le courage &
la liberté de mandier. Mais combien
d'Hoſpitaux & de Cloiſtres a t'elle fő-
dez depuis ſon arriuée en France,
apres auoir nourry les pauures des vns
& les Religieuſes des autres du ſeul argent de ſon eſpargne? Toutes les Egli-
ſes de Paris ſont parées de ſes liberalitez, & les Hoſpitaux ne portent plus
ces images d'horreur dont ils étoient
enuironnez, depuis que céte genereuſe Princeſſe en fait ſes lieux ordinaires de recreation & de promenade,
comme ſi elle ne pouuoit ſe diuertir
ailleurs.

La vraye Liberalité s'attache toûjours à vn objet digne d'elle, & il n'en
eſt point qui ait plus de raport & de
conuenance à ſa grandeur que la pau-

O

ureté. C'eſt elle ſeule qui luy commu-
niquetout l'éclat quil'enuironne,la faiſant paraître de-intereſſée, c'eſt à dire
auec tous les ornemés &toutes les graces que ſa generoſité luy peut donner.
Toutes les autres liberalitez , quelques nobles qu'elles ſoient, retiennent
toûjours quelque choſe du cœur & de
la main qui les fait : on y remarque
beaucoup de l'homme , ſoit dans les
ſentimens qu'il y treuue d'vne vaine
complaiſance , ſoit dans l'intereſt de
l'eſtime & de la reputation qu'il en
croit aquerir.

Que le Soleil eſt liberal , dit Macro-
be, de n'auoir point ceſſé de luire pour
nous donner le iour depuis le premier
de ſa naiſſance De moy ie ne m'eſton-
ne pas ſi celuy qui l'a creé a jetté les
fondemens de ſon Trône dans le tems
au milieu de ce bel Aſtre, puis que ſa
Prouidence en eſt vn nouueau, dont
la lumiere eternelle éclate inceſſam-

ment aux yeux de toute la terre, par
les ordres fecrets & inconus, dont elle
anime & conduit tout ce qui fubfifte
icy bas : mais difons encore apres cét
Autheur , que tous les Aftres n'ont
pas moins de liberalité que le Soleil,
puis qu'en donnant toute la lumiere
qu'ils reçoiuent de luy, il femble qu'ils
fe donnent eux mefmes à tous momens dans les continuelles influences
qu'ils verfent fur nos teftes. Le feu
nous donne fon agreable ardeur, l'air
fa douce humidité, l'eau fon liquide
breuage, & la terre noftre chere nourriture. Enfin tout ce qu'on voit icy
bas, dit Tertullien, font des prefens de
céte main toute puiffante & infinimét
liberale: mais chofe eftrãge & inoüye,
pourfuit-il, tout a efté creé pour l'hó-
me, & luy feul manque d'encens pour
fon Createur.

S. Auguftin me paroit toûjours admirable, quand preffé d'vn fentiment de

reconnoiſſance de tant de bien faits
dõt Dieu a pris plaiſir, de nous cõbler
il s'écrie, mais d'vne voix qui ſe fait
„ entendre à tous les ſiecles, Seigneur,
„ qui peut donner le prix à tes Liberali-
„ tés? ſi tu t'es donné toy même : les pro-
„ meſſes que tu nous fais de ton Paradis
„ ne ſçauroient te rẽdre plus liberal que
„ tu as eſté, puis qu'en te poſſedant icy
„ bas, nous goûtons par auance les de-
„ lices de ta gloire. Soyõs donc liberaux,
„ non pas cõme le Soleil & les Eſtoiles,
s'ils n'épandẽt ſur nous, que les influẽ-
ces que la Prouidéce verſe ſur eux mêmes, non pas comme les Elemens, s'ils
ne donnent rien de leur propre : mais
bien comme noſtre Auguſte Reyne,
qui à l'exemple de Dieu ſe donne ſoy
meſme dans les ſoins continuels qu'elle prend de noſtre conſeruation.

C'eſt de céte liberalité que parle S.
Chriſoſtome, quand il dit que les Roys
ne donnent rien du leur, quelques pre-

fens qu'ils façent, ſi l'exemple de leur
bonne vie n'en eſt le premier.

Ce qui me fait croire auec beaucoup
de raiſon que noſtre grande Princeſſe
eſt la plus liberale du monde, puis que
ſes actions toutes admirables communiquent leur vertu à tous ſes ſujets,
pour leur faire haïr le vice: & c'eſt le
ſeul treſor qui les peut enrichir.

C'eſt la Liberalité des Dieux, dit
Platon, de donner des biens immortels : tout au contraire des Roys, ces
Dieux de la terre, qui donnant des trefors de meſme matiere n'enrichiſſent
jamais leurs poſſeſſeurs. Ce qui nous
fait croire que nôtre Auguſte Reyne
s'éleuant au deſſus de ſes grandeurs
periſſables & de ſa condition mortelle, tient beaucoup plus du Ciel que de
la Terre puis qu'en nous laiſſant l'e-
xemple de ſa belle vie, elle nous communique en quelque ſorte l'immortalité qui la ſuit.

Qui ne ſçait pas que céte incomparable Princéſſe voulant exercer ſon humeur liberale par des nouuelles actions, dont la generoſité intereſſaſt vtilement auec la France, toutes les nations de la Terre, entretiét dans Paris deux celebres Maiſons ſous les auſpices de ſaint Ioſeph : l'vne pour tous les pauures orphelins, & autres de quelque pays & qualité qu'ils ſoient, dans laquelle ils ſont receus, nourris & inſtruits juſques à ce qu'ils ayét treuué vne condition qui leur ſoit propre. Et l'autre pour les pauures filles, où elles ſont éleuées dans vne école de Vertu auec la meſme charité juſques à leur eſtabliſſement, Maiſons dont la Prouidence Diuine ayant jetté les fondemens de toute eternité, a choiſi nôtre grande Reyne pour en éleuer l'edifice dans le Temps, & faire voir à tout l'vniuers que ſa Mjeſté étoit ſeule digne de céte gloire.

SA MAGNANIMITE.

CHAPITRE VI.

Ete vertu est si éclatante qu'il n'est pas besoin, ce me semble, ny de pinceau, ny de couleur pour en depeindre la beauté. Toutesfois desirant suiure l'Ordre que ie me suis proposé, i'employeray tous les efforts de mon art pour representer en elle toutes les merueilles de la nature.

Il est vray qu'ayant à vous faire voir céte vertu sous le visage de nôtre Auguste Reyne, elle porte auec sa Majest

ordinaire, tant de marques de sa ressemblance, que vous connoîtres sans
doutel'vne par l'autre, &c'est mon dessein de vous representer nôtre grande
Princesse si Magnanime, que la moindre de ses actions peut porter dignement le surnom d'Heroïque.

Ie ne m'étonne pas si le Sage met au
nombre des choses les plus dificiles à
treuuer vne Femme forte, puisque de
siecle en siecle, il semble que l'vn laisse
le defi à l'autre de nous la faire voir. En
effet comme ce sexe a eu en partage
les douceurs & les graces, céte sorte
de presens affectez au corps en rendét
la nature si delicate, que l'ame a de la
peine d'agir puissamment, si la force
de ses actions dépend de la force des
organes. De maniere que ce sexe, qui
ne peut s'éleuer au dessus de son tépe-
rament, tire sa force de sa vertu plûtôt
que de sa nature, & c'est ce qui oblige le sage sans doute à mettre vne femme

me forte au rang des merueilles du
monde.   Mais que ſon étonnement
ceſſe aujourd'huy, & qu'il ne doute
plus de la rencontre de cette femme,
puis qu'elle paroît aux yeux de toute
la terre ſous le viſage de nôtre Auguſte Reyne, comme la plus Genereuſe,
& la plus Magnanime qui fut jamais.

Ouy c'eſt céte femme forte de l'Eſ-
criture que le Sage auoit cherchée
inutilement, dans tous les ſiecles qui
l'auoient deuancé, & que celuy-cy
nous fait admirer auec étonnement,
puis que la nature méme, ſi feconde à
produire tant de merueilles, n'en a
ſceu faire encore vne ſeule qui luy reſ-
ſemble. Et quoy que céte verité nous
paroiſſe d'abord infaillible, conſide-
rant le merite du ſujet qui la produit,
ie veux que toutes les actions de céte
incomparable Princeſſe en ſoient autant de preuues ſur-abondantes pour
faire taire l'enuie, à ſa confuſion.

P

Seneque parlant de la Magnanimité,
dit que les Dieux communiquent céte vertu par leur exemple aux ames
les plus nobles : Et la raifon qu'il en
donne conferue le même éclat de fa
premiere penfée , nous affeurant que
comme la nature toûjours foible &
rampante ne nous peut éleuer au deffus d'elle, dans les genereufes actions
que nous faifons, il faut de neceffité
que les Dieux nous preftent la main,
c'ét à dire qu'ils animent nos courages
à les imiter, ce que l'homme ne fçauroit faire de foy-méme.

En effet vne ame Magnanime paroît fi détachée de céte étroite affin-
té qu'elle a auec le corps, qu'on diroit
à voir fes actions heroïques qu'elle
agit d'elle-même comme fi elle en
étoit déja feparée : Ce qui a fait dire à
Plutarque, que la Magnanimité de
Caton étoit vne vertu fi rare, qu'il en
laiffa vn exemple inutile icy bas, puis
que perfonne ne l'a imité.

Les actions vrayement genereuſes
ſont les plus pures expreſſions d'vne
ame qui ſe mire toûjours dans ſoy-
méme pour ne ſe méconnoître iamais;
car comme dans ſes interieures con-
templations l'objet de ſon immortalité luy eſt ſans ceſſe preſent, elle n'a-
git que pour s'en rendre digne, & céte ſeule gloire produit tous ſes nobles
ſentimens. Ceux qui ont parlé de la
Magnanimité, ont dit que c'étoit vne
vertu qui donnoit beaucoup de leçons, & qui faiſoit fort peu de diſciples; auſſi peut-on croire veritablemēt
qu'vn homme Magnanime a ſi peu
de compagnons dans le ſiecle où nous
ſommes, que s'il auoit vn prix à diſpu-
ter, à peine trouueroit-il vn riual qui
eut droit d'y pretendre. Et j'oſe dire
que cét homme fort n'ét pas moins
rare que la femme, dont le Sage eſt
toûjours en queſte.

Ce n'ét pas que la Generoſité nous

foit étrangere , & qu'elle n'ayt affez
de charmes , & pour fe faire aymer,
& pour fe faire fuiure : mais tous les
Genereux ne font pas Magnanimes,
puis que la Magnanimité feule fait
voir nôtre ame dans toute fon étenduë, quoy qu'elle foit indiuifible , ie
veux dire auec toutes les forces que fa
nature pure & fimple luy peut dõner.

Ie ne fçaurois metre en auant vn
plus bel exemple que celuy de nôtre
Augufte Reyne, puifque toute fa vie
n'eft qu'vne école de Magnanimité.
Quelle merueille que la plus grande
Princeffe du monde tire fa grandeur
de celle de fon courage plutôt que de
fa naiffance, comme fi elle cherchoit
fa gloire hors d'elle même, ie veux dire dans fa feule vertu, fans l'ayde de la
nature. Mais plutôt qu'elle Magnanimité d'auoir toûjours vefcu en Reyne
éleuant fon efprit à des penfées auffi
nobles qu'elles, afin que fes actions ne

les fuſſent pas moins. C'ét le ſentiment de Seneque, qu'vn homme peut
paſſer pour genereux quand il n'ét pas
ſujet à rougir de ce qu'il penſe, & de ce
qu'il fait : Et c'ét l'auantage que remporte aujourd'huy nôtre fameuſe
Princeſſe ſur toutes celles de la terre,
d'auoir conſerué ce titre de Majeſté
que ſa naiſſance luy donne de même,
que ſa condition, auec tant d'éclat, que
ſes penſées & ſes actions le peuſſent
porter auſſi dignement qu'elle.

Saint Auguſtin dit, que la vraye force vient de Dieu, ſuiuant la penſée du
Prophete : ce qui me fait croire ſans
étonnement que nôtre grande Princeſſe s'éleuant au deſſus de ſon ſexe
par ſa Magnanimité, la grace ſuplé
au defaut de la nature, puiſque ſa Majeſté n'eſt forte que pour reſiſter aux
apas des grandeurs, & des delices de
la terre : & cette force tire ſa vertu du
Ciel. La grandeur de ſon courage

procede de celle de son ame, comme
étant remplie continüellement de ce
Dieu fort & jaloux, de ce Dieu des
armées qui ne trouue jamais de resi-
stance que dans les cœurs humiliés.
Et certes, comme dit S. Ambroise, celuy qui est fort en Dieu, est à l'abry
des atteintes du tems, & des secous-
ses de la fortune. C'est luy seul qu'on
peut appeller inuincible, puis qu'il
voit mouuoir hors de soy vne partie
de soy même, se sentant mourir à
toute heure, sans changer de cœur,
non pas même dans ses abois.

C'est le propre des grans courages
de demeurer toûjours remplis d'eux-
mêmes pour ne se relâcher jamais
de céte forte vigueur dont ils sont
puissamment & continuellement ani-
mez, soit dans leurs hautes pensées,
soit dans leurs actions glorieuses : Et
c'est en cela seulement que paroît
leur Magnanimité, demeurans fer-

mes & inébranlables contre les coups
de la fortune , fans reffentir l'émotion que la foibleffe de la nature excite dans leurs entrailles , faifant voir
en ces rencontres cét vtile diuorce
de l'ame auec le corps , ou pour
mieux dire les vaines attaques de celuy-cy , & les continuelles victoires
de l'autre.

Les Romains ont cherché inutilement céte gloire de grandeur de courage dans les actions genereufes qu'ils
ont faites , par ce que comme ils n'a-
uoient pour obiet que la complaifan-
ce qui leur demeuroit de l'opinion
d'autruy , aprés l'auoir fait iuge de
leur vie , ils ne poffedoient cette vertu
de Magnanimité que par vne fauffe
idée, qui leur en reprefentoit des images trompeufes.

Tertulien parle diuinement quand
il dit , que les vrayes vertus ont
cela de propre , qu'elles fe font con-

noitre à tout le monde fors qu'à celuy qui les poſſede. Ce n'ét pas que
leur pratique continuelle ne luy en
donne vne connoiſſance ſenſible :
Mais comme ſon eſprit ne s'y attache
jamais pour y faire reflexion , il en
jouït vtilement ſans y penſer, & l'exerce de même auec vne complaiſance innocente.

Ariſtote nous aſſeure que la fauſſe
generoſité a tant de reſſemblance à la
vraye , qu'on a beaucoup de peine
d'y remarquer de la diference. Les
actions genereuſes n'ont pour iuge
que le cœur de celuy qui les fait : l'a-
parence n'en determine rien , & l'on
voit d'ordinaire que l'art ſurpaſſe la
nature , ie veux dire que l'étude & le
ſoin reüſſiſſent ſouuent auec beaucoup plus d'auantage que la ſincerité
& la franchiſe.

Mais ſi l'exemple a le pouuoir de
vous faire connoître la vraye Magnanimité,

nimité, nôtre Auguſte Reyne en éclairant vos ſens pour inſtruire vos ames
par le ſeul témoignage de ſes penſées
& de ſes actions, ou plutôt par celuy
de toute ſa vie, vous fait voir en elle
céte vertu à découuert. Ie dis par le
témoignage de ſes penſées, puis qu'elle n'en a iamais conceu vne ſeule indi-
gne de ſa qualité : Ie dis de ſes actions,
puis qu'elle n'a iamais eu ſujet de s'en
reprocher la moindre : Et ie dis enfin
de toute ſa vie, puis qu'elle luy fait
meriter vne couronne beaucoup plus
precieuſe que celle qu'elle porte, luy
ayant aſſujety autant de cœurs par la
force de ſa reputation, que ſa qualité
luy conſerue de ſujets par la puiſſance
de ſon Empire. Il faut que ie m'expli-
que pour trouuer l'occaſion d'exprimer les nouueaux ſentimens de mon
ame ſur vn ſujet ſi glorieux.

N'ét-ce pas être Magnanime de
mépriſer également & la loüange &

Q

le blâme? N'ét-ce pas étre Magnanime de ne conoître point l'excez ny
dans la ioye ny dans la triſteſſe? N'ét-
ce pas étre Magnanime, diray-je encore, de regarder toûjours d'vn méme viſage les diferens de la Fortune?

C'eſt la genereuſe façon de viure de
nôtre grande Princeſſe, grande veritablement en courage, ſi le ſien eſt inuincible, & grande en Magnanimité,
ſi tout ce que la terre a de plus precieux
& de plus agreable eſt l'objet de ſon
mépris.

Ce qui me fait croire, tirant la verité de la fable, que ſon Louure eſt
vn nouuel Olimpe, où ſa Majeſté voit
ſous ſes piez la guerre continuelle des
Elemens; ie veux dire, ce pernicieux
commerce des vanitez du monde,
ſans en étre touchée que de compaſ-
ſion & de generoſité, pour ceux qui
en ont la pratique.

C'eſt la penſée de ſaint Ambroiſe, que la Magnanimité conſiſte à triompher des plaiſirs, plutôt que des douleurs, ou du moins à garder vn milieu pour goûter les vns ſans émotion, & reſſentir les autres ſans murmure. Saint Auguſtin dit que cete vertu rend l'ame inſenſible aux proſperitez & aux mal-heurs de la terre, afin qu'elle ne ſoit plus capable de paſſion que pour l'amour & pour la crainte de Dieu. Saint Hierôme l'éleue au deſſus de la Nature, ſoutenant que celuy qui la pratique tient plus de l'Ange que de l'Homme: & en effet la Magnanimité nous guerit de toutes les foibleſſes de la Nature, nous donnant les forces, non ſeulement pour ſurmonter les perils, mais encore pour nous en oſter la crainte.

Admirez donc les effets de céte diuine vertu en nôtre Auguſte Reine, pour connoître ſenſiblement l'vne

par l'autre. Combien de fois a-t'on
veu fa Majefté, comme vn autre Soleil, couuert de nuages par les funeftes
accidens qui luy ont fait fi fouuent
porter le deüil, depuis fon arriuée en
France? Mais on peut fouftenir auffi
que de méme que ce bel Aftre, fa lumiere ne s'eft iamais eclipfée. : Ie
veux dire que fa force d'efprit a paru
toûjours auffi grande que iamais, demeurant ferme & ftable en elle méme, fans autre apuy que celuy de fa
propre vertu.

Quelle gloire, dit Seneque, de demeurer debout quand tous les autres
tombent? Vne ame magnanime ne refufe iamais le combat contre la Fortune, puis que fes attaques inutiles augmentent de beaucoup l'honneur de la
victoire qu'elle remporte toûjours.
Ce n'eft pas que la raifon ne iuftifie
les larmes d'vne forte douleur: Cen'ét
pas, diray-je encore que la Prudence

ne permette les plaintes aux mal-
heureux : mais la Magnanimité fait
fecher ces larmes en tombant; & céte
même vertu étouffe en leur naiffance les foupirs des cœurs affligez ; comme fi leur bruit trifte & funefte trou-
bloit en quelque forte fon repos.

C'eft la penfée de Tacite , que la
Magnanimité eft le plus riche ornement des Roys , donnant vne certai-
ne majefté à toutes leurs actions beaucoup plus éclatante que celle qui eft
affectée à leur condition fouueraine
& indépendante. Et Plutarque nous
dit de Pompée fort à propos, qu'étant
plus grand de courage que de reputation ; quoy que fon bruit eut emply
toute la terre, il fe faifoit toujours con-
fidérer par foy-mémes, plutoft que
par fa fortune ; comme s'il eut mé-
prifé les Coronnes où fes mains n'a-
uoient point trauaillé. Et c'étoient
ces genereux fentimens dont il étoit

Q iij

animé qui faifoit toute fa gloire , &
qui rendent aujourd'huy fon nom
auffi celebre qu'il étoit autresfois parmy les Romains. La Fortune feule,
comme dit Seneque , ne fçauroit faire vn homme grand, puifque c'ét vn
ouurage de l'induftrie de la vertu, ou
plutôt vn métier où céte aueugle demeure toujours en aprentiffage : la
Nature y peut bien contribuer quelque chofe : mais il faut de neceffité
que nous foyons nous-mémes les ar-
tifans de céte grandeur , & que par
des pensées éleuées au deffus de nôtre
condition , nous nous faifions de certaines voyes d'honneur qui nous élo-
gnent du commun, & qui nous aprochent des Heros de nôtre fiecle.

Les Richeffes de la Terre, dit Origene , font le partage de fes enfans, &
les biens de la Fortune, les gages mal-
payés de ceux qui la fuiuent ; mais la
gloire de la vertu eft l'heritage de

ceux qui ne font nés que pour elle; &
l'on peut dire que ceux-la tant feulement font veritablement grands,puif-
que leur grandeur a cela de propre
qu'elle ne diminuë iamais, & qu'elle
croit toujours. Vn homme qui vit
pour la Pofterité, fe peut dire vrayment magnanime : parce que comme
fes grandes actions ne regardent que
la gloire de l'aduenir où il afpire, de
méme que celle de fon fiecle, dont il
jouit, il éuite également, & les repro-
ches qu'on luy peut faire aujour-
d'huy, & celles qu'il peut encourir
demain.

Telle étoit la noble façon de viure
d'Alexandre, refpirant au milieu de
fes jours apres des nouueaux qui du-
raffent autant que le monde; comme
s'il eut aymé fa memoire beaucoup
plus que luy, Themiftocle touché d'v-
ne même paffion ne viuoit glorieufe-
ment dans fon fiecle, que pour meri-

ter l'aprobation de celuy qui étoit à
venir. Et Pericles voulant emporter
dans le tombeau toute la reputation
qu'il auoit aquife, ne treuuoit point
de plus feuere cenfeur de fes actions
que luy-mémes.

Mais pourquoy mettre en auant
tous ces exemples, fi nôtre augufte
Reyne en efface l'éclat par celuy de fa
belle vie? Qui ne fçait pas qu'ayant
fans ceffe pour objet, & dans fes penfées & dans fes actions la gloire de l'E-
ternité, elle feule fait tous fes defirs,
& produit toutes fes efperances :
ce qui affermit tellement fon efprit au milieu des orages de la Fortune, que céte aueugle a beau ébranler
du mouuement de fa Rouë les plus
conftans, nôtre grande Princeffe demeure immobile fur la bafe de fa propre vertu, fans étre touchée feulement de la crainte.

Et certes fi la definition que nous
donne

donne Ariſtote de la Magnanimité
eſt vraye, quand il dit que cette vertu
nous rend également inuincibles contre les douceurs de la joye, & les amertumes de la triſteſſe, contre les attaintes de la douleur, & les apas de la volupté, il faut croire que nôtre digne Reyne la poſſede parfaitement , puiſque
de tous ces ennemis domeſtiques &
attachez à ſa ſuite, elle en remporte la
victoire ; mais vne victoire digne de
triomphe, ſortant toujours du combat ſans emotion. Et c'ét en quoy
conſiſte la vraye Magnanimité de
porter vn cœur inſenſible aux plaiſirs
& à la peine, ie veux dire, d'auoir vn
eſprit à l'épreuue de toute ſorte d'accidens, dans vne condition ſujette à
leur tyrannie.

Ce n'ét pas ſans ſujet , dit S. Bernard, que le Sage prefere la victoire
de nous-mémes à celle que nous rem-
portons ſur autruy, puiſque de cett

R

derniere action, la fortune fouuent
en partage la gloire : tout au contraire de l'autre, qui en laiffe tout l'auantage à la raifon.

Admirez donc aujourd'huy cette
forte de triomphe en nôtre grande
Princeffe ; car elle ne fe contente pas
de vaincre fes ennemis par le bon-heur
de fes armes, de même que par leur
juftice, elle triomphe encore glorieu-
fement de fes paffions, par vne grandeur de courage, que fa vertu feule
rend inuincible.

Qu'on ne nous parle point de la
grandeur du courage de Semiramis,
pour auoir triomphé dans les combats : Qu'on ne publie plus fi haut la
gloire de Panthée, pour auoir mépri-
fé également, & la vie & la mort : Et
qu'on modere les loüanges qu'on a
données à la genereufe Zenobie, quoy
qu'elle ayt gardé le filence au milieu de
fes mal-heurs. Toutes ces Princeffes

ont fuiuy aueuglément cette vertu de Magnanimité , puis qu'elles ne l'ont jamais connuë. L'vne tiroit fa gloire de la défaite de fes ennemis , & nôtre digne Reyne cerche fon auantage dans leur repentance. L'autre aymant mieux vne fauffe reputation qu'vne longue vie , croyoit immortalifer fa memoire en méprifant la mort; & nôtre chere Princeffe viuant aujourd'huy pour fes fujets, elle veut que les foins de foulager leurs maux facent toute fa Renommée. Celle-cy s'imaginant qu'il y auoit plus de foibleffe à fe plaindre que de honte à fouffrir, a voulu paraître muete pour étre eftimée genereufe , & nôtre Grande Reyne prenant les afflictions que Dieu luy enuoye pour autant de faueurs, a toûjours fait voir fa joye pour cacher fa conftance. Et c'ét en quoy confifte la vraye Magnanimité de laiffer en

R ij

quelque forte la doute de nos peines à ceux même qui en font témoins.

La Magnanimité de même que les autres Vertus paraît toûjours voilée aux yeux du monde; comme fi fa pudeur n'en pouuoit fouffrir les regards: D'ailleurs fa lumiere étant interieure pour éclairer l'efprit plutôt que les fens, elle ne luit que dans l'ame de celuy qui la poffede.

Etre genereux, dit Seneque, c'ét faire fans bruit des actions fi belles, qu'elles puiffent feruir d'exemple à tout le monde. Mais difons plutôt qu'étre Magnanime, c'ét imiter en toutes chofes nôtre grande Reyne, puis que la moindre de fes actions peut également feruir & de leçon, & d'exemple aux plus genereux du fiecle, pour les rendre dignes de ce titre: Car elle n'exerce pas feulement céte vertu de Magnanimité, en fouffrát sás murmurer les difgraces de la fortune:

mais en oubliant les déplaifirs qu'elle
a reçeus auec les noms des perfonnes
qui en ont efté la caufe.

Generofité merueilleufe d'entrer
en fon Regne abfolu, pour s'impofer
abfolùment vne loy d'oubly en faueur de fes ennemis : Magnanimité
adorable d'employer fon authorité
Souueraine fur elle mefme, pour de-
farmer fa iufte cholere, en ce premier
inftant qu'elle prend la foudre en
main, auec le Sceptre de fa puiffance
Royale. O le beau Triomphe de fe
vaincre foy-mefme s'écrie vn Ancien : mais il faut que les combats
foient continuels, & les ennemis re-
doutables. Ce qui rend céte forte de
victoire d'autant plus admirable en
noftre Princeffe, que toutes les delices du monde prenent aujour-d'huy
les armes contre Elle, puis que tous
les objets qui peuuent contenter les
fens s'attachent à fa fuite, & l'enui-

ronent de toutes parts pour luy declarer vne guerre continuelle. Mais comme fa patience n'eft pas moins confiderable : que fa Magnanimité , ie veux reprefenter l'vne en fuitte de l'autre , fous le mefme vifage de nôtre augufte Reyne, puis qu'elle en porte tous les traits.

SA PATIENCE.

CHAPITRE VII.

E n'auray pas beaucoup de peine à vous repre-senter cette vertu sous le visage de nôtre Augu-ste Reyne, puis que ses actions nous en ont don-névne parfaite connoissáce par la pra-tique qu'elle en fait continuelement. Et i'ose dire auec autant de verité que de raison, que si cette vertu, de méme que la Iustice fût descenduë du Ciel en terre, elle n'auroit point animé d'autre corps, que celuy de noftre grande Princesse:comme tres-grande veritablement en l'exercice de sa Patience, si l'on doit adiouster foy au témoignage des sens.

Tertullien nous asseure que la Patience est la Reyne des vertus, par la seule raison de sa nature, tousiours victorieuse, & tousiours triomphante: Et en effet, s'il est vray que céte vertu n'entre iamais en lice, sans estre couronnée, on ne sçauroit luy disputer la préeminence sur toutes les autres. C'est elle qui a fait tous les Martyrs, comme ayant paracheué de ses mains propres les couronnes de leur triomphe, apres auoir commencé d'y trauailler à l'entrée de leur combat. Origene l'apelle la vertu des Chrestiens, sçachant que Iesus-Christ l'a fait paroistre icy bas à découuert sur le trône de sa Croix, aprés l'auoir exercée durant le cours de sa vie, dans la souffrance de toutes sortes de maux : Et c'est luy seul aussi qui nous en a laissé

de

de ſi vtiles leçons, & de ſi agreables
preceptes, qu'on trouue des apas dans
les douleurs, & des plaiſirs dans les
peines, quand on ſe repreſente que cét
adorable Sauueur en a voulu faire
l'eſſay le premier. Vn ancien dit, que
c'eſt la vertu de l'Eternité, puis qu'en
effet elle doit durer autant que l'Eternité méme. Le Temps a beau deuorer
toutes choſes, la Patience eſt plus auide encore que luy, puis qu'elle le de-
uore; La Mort peut bien auſſi reduire
en cendre tout ce qu'on voit d'animé
icy bas, céte vertu ſe fait iour dans les
tenebres du tombeau, & paſſant au
delà, triomphe touſiours de céte inuincible. Ce qui me donne céte penſée, que ſi la Mort, au dire du Sage, eſt
forte côme l'Amour, la Patience re-
ſiſtant & à l'vn & à l'autre a beaucoup
plus de force que toutes deux enſemble.

Mais puis que les vertus quelques

grandes qu'elles foient, ne peuuent
iamais eftre connuës parfaitement,
que dans leur pratique : Admirez
aujourd'huy céte vertu de Patience
en noftre Augufte Reyne, mais Patience toute Chreftienne, ayant fait
épreuue durant fon premier regne,
de mile fortes d'afflictions fans fe
plaindre & fans murmurer; Et i'ofe
publier à fon auantage, que fa Patience eftoit toute nouuelle dans fon excés, puis qu'elle luy aprenoit l'art de
cacher fi fort fes maux, qu'il falloit de
neceffité les deuiner pour les connoiftre : Et c'eft en quoy confifte la perfection de céte vertu, de fouffrir fi fe-
crettement les afflictions que Dieu
nous enuoye, que le vifage non plus
que la langue n'en decelent point la
verité. Que fi cette pratique vous paroît difficile, laiffez vous perfuader
par l'exemple de nôtre digne Princeffe
puis que fes plus grandes douleurs ont

esté müettes! Adorable Patience, de refuser à soy-méme le soulagement de se plaindre, & de conseruer dans son éclat, au milieu de ses malheurs, céte Majesté affectée à sa condition, comme si elle eût aprehendé que la justice méme de ses soufpirs & de ses larmes eût esté suiette à la censure!

Que c'estoit vn agreable spectacle au Ciel & à la Nature, de voir vn petit monceau de fumier éleué sur vn autre, resister comme vne forteresse imprenable à toutes les puissances de l'enfer, ie veux dire Iob, cét homme de misere, tout couuert de playes, se defendre contre tous les démons! Quelle merueille, que la nature agonisante en cét homme, triomphe dans ces abois de tous ces ennemis? ou plutôt quel miracle, qu'vne masse de chair enseuelie dans sa propre infection, fasse du cloaque qui l'enuironne, son champ de victoire! Mais ne

vous en étonnez pas, la Patience qui
l'anime , n'agit jamais auec moins de
force & de fuccez ; tous fes combats
font autant de triomphe. Ne croyez
pas que Iob refiftat feul contre tant
d'ennemis, la grace en céte rencontre
fecondoit la nature comme humiliée
& foumife aux decrets éternels de
céte prouidence adorable. Iob étoit
affligé ; mais la méme main qui luy
verfoit dans le fein l'amertume de fes
peynes , luy en donnoit le foulagement : Cét homme iufte auòit le cœur
percé de mile ataintes de douleur ;
mais les mémes traits qui fefoient fes
bleffures, auoient céte vertu d'en caufer la guerifon , ie veux dire qu'au
méme inftant que fon corps penchant
à fa ruïne paraîffoit accablé fous le far-
deau de tant de malheurs , fon ame en
foûtenoit feule la pefanteur , par vn
courage que la grace rendoit inuincible.

Saint Cyprien dit que Iob feruoit tout à la fois de miroir aux hommes pour leur faire voir à découuert leurs miferes, & d'objet d'admiration aux Anges pour leur faire contempler vne force indomtable dans vne fragilité humaine. Mais confiderez comme ce martyr parle de l'homme. C'ét vn " joüet de la fortune, dit-il, c'ét vn ro- " feau expofé au vent & ébranlé de " leurs bouffées continuelles. Il eft vray que cét homme Iufte, fert de joüet à la fortune, mais comme fa rouë n'a d'autre mouuemét que celuy de la vo-lonté de Dieu, céte aueugle eft forcée de felaiffer conduire par celuy méme dont elle fe joüe, puis qu'il luy fait la loy au milieu de fes malheurs: C'eft vn rofeau, ie le confeffe, abandonné aux coups des vents, mais leurs efforts font inutils, ils ont beau l'ébranler de tous coftez, il s'afermit de plus en plus fur fa racine, ie veux dire fur le fumier méme où cét affligé eft affis, y étant placé de la main de Dieu, comme vn nouueau témoin de fa gloire.

Confiderez encore que cét homme d'afflictions, n'a point treuué fon pareil fur la terre. Ce n'eft pas qu'il n'ait atiré beaucoup de difciples dans l'école de fa Patience, mais les vns ont oublié les leçons qu'il leur auoit données, & les autres les ont aprifes inutilement. On ne voit qu'vn feul Iob couronné de fleurs que fon fumier produit par vne vertu toute particuliere, on n'admire que ce feul homme patient à l'épreuue & des demons & de l'enfer. Ie fçay bien qu'il y a vn nombre infiny de martyrs qui ont foufert conftamment la cruauté de mile nouueaux fuplices, mais ils connoiffoient leurs Iuges, ils voyoient leurs bourreaux aprés étre informez des crimes qu'on leur impofoit : Tout au contraire de cét homme jufte qui fe sent toutcouuert de playes, sans voir la main qui l'a blessé, qui se trouue comblé de malheurs, sans connaître la cause de ses infortunes, & abandonné de ses amis & de sa femme sans aucune esperance de consolation.

Il est vray que la Patience, étant toûjours soumise aux Decrets de la Prouidence de Dieu, elle paroît ferme & stable côme vn rocher au milieu des orages continuels, dont elle est agitée, deuenant insensible aux coups de foudre, & immobile aux attaintes du mal-heur: Ce qui faisoit dire à vn ancien que la Patience paressoit d'autant plus forte qu'elle estoit d'ordinaire acompagnée des autres vertus, dont l'vnion reciproque rend chacune en particulier, inuincible.

La Patience, dit le Sage, consoe, instruit, & soulage tout le monde par son seul exemple. En effet à voir vn homme patient dans les foiblesses,

d'vne nature toûjours plaintiue, comme toûjours souffrante : le prodige en
est si grand, que d'ordinaire les témoins mémes en sont incredules. Ce
qui me donne céte pensée que celuy
qui possede diuinement céte vertu a
treuué sans doute ce point qu'Archi-
mede cherchoit auec tant de soin pour
faire mouuoir à son gré tout le monde, si ce méme monde change à tous
momens de face dans ses vicissitudes
continuelles sans pouuoir ébranler
son esprit. C'est ce pole, qui dans son
assiette immüable voit tourner autour
de luy tout ce grand Vniuers, Vn homme patient se fait vn abry de luy-mes-
me contre les orages & du tems &
de la fortune, il se couure de son courage comme d'vn bouclier pour se gara-
tir de leurs iniures, & tenant toûjours
d'accord son cœur humilié auec les
Souuerains Decrets de la prouidence,
il gouste les douceurs du calme & du
port

port, parmy les amertumes des écueils
& des tempeftes.

La Fortune ne prend iamais les armes
contre la Patience, par ce que comme
celle-cy porte toufiours auec elle le
clou qui peut arrefter la rouë de céte
volage, elle ne combat iamais, fçachant que fa défaite eft ineuitable.

Seneque nous aprend que la Patience eft vne inuention des Dieux, puis
qu'en effet c'eft vne chofe toute diuine de treuuer la pefanteur legere, la
triftefle agreable, & l'amertume douce, fouffrir & fe plaindre, c'eft le propre de noftre nature fenfible, mais
garder le filéce dans vne extréme douleur, c'eft la vertu d'vne nature qui
tient plus de l'Ange que de l'Homme.

Et c'eft dans céte forte de voyes
plaines d'épines où nôtre Augufte
Reyne ayant toûjours marché, & fans
broncher & fans fe plaindre, nous a
fait voir que fa Patience, n'étoit pas

T

vne vertu d'habitude ; mais de grace
dont le Ciel auoit voulu enrichir son
ame, pour donner vn nouuel éclat à sa
condition. Les afflictions moderées
peuuent faire des muets , mais quand
elles aprochent de l'extremité si elles
ferment la bouche aux plaintes , elles
mémes ouurent les cœurs aux soû-
pirs : Et c'estoit vn exemple de Patience aussi diuin que nouueau en nôtre grande Princesse , quand elle pa-
roissoit à nos yeux , sans que les siens
fussent mouïllez , parmy les cuisans
ennuis dont son ame étoit agitée , vertu plus propre veritablement aux Anges qu'aux Hommes , si ces esprits
estoient capables de souffrance. Qu'on
vante la Patience de Xenophon pour
souffrir les iniures d'vn de ses esclaues;
qu'on louë le Philosophe Dion, pour
ne vouloir pas prendre la peine de se
iustifier des calomnies dont on noir-
cit sa renommée:qu'on donne de nou-

ueaux Eloges à Agefilaüs, pour auoir
fouffert la géne de la goutte fans ou-
urir la bouche; Toutes ces aĉtions ne
portoient qu’vn aparence de vertu,
n’ayant pour principe qu’vne fauffe
magnanimité, ny pour objet qu’vn
vain honneur du monde, dont ces
grands efprits fe nourriffoient. Il faut
que la Patience foit Chrétienne pour
meriter ce nom de vertu, & qu’en toutes nos fouffrances volontaires, l’a-
mour de Dieu en foit le principe & le
motif.

Dauid fouffroit la perfecution de
fon fils Abfalon auec vn cœur toûjours foûmis aux volontez de Dieu,
& dans céte feule foûmiffion il trouuoit le foulagement de fes peines.

Moyfe le plus doux & le plus clement des hommes auoit de la peine
à parler, quand il étoit contraint de
fe plaindre de la rebellion & des de-
fordres des Ifraëlites, comme s’il eut

voulu juſtifier en quelque façon leurs
crimes, par la longueur de ſa Patience.

Ne peut.on pas dire de méme, que
nôtre grande Reyne a exercé parfaitement céte vertu, en faueur de ſes
ſujets, ſouffrant la deſobeïſſance des
vns, & l'infidelité des autres, ſans en
demander juſtice, bien loin de ſe la
faire, comme ſi elle eût eſté plus ſenſible à leurs peines, qu'à leurs offences ;
Et c'eſt en quoy conſiſte la vraye Patience, imitant le Royal Prophete, qui
ſe vangeoit ſur ſoy-méme des affronts
qu'on luy faiſoit. Abſalon auoit
beau noircir ſa reputation de mile ſortes de calomnies, ce juſte
Prince pleuroit le peché de ſon fils, &
en faiſoit penitence pour luy, croyant
retarder le châtiment de la Iuſtice diuine ; Il fuyoit la tyrannie de Saül,
quoy qu'il eût le pouuoir de luy reſiſter, & dans les occaſions de le perdre,
il oublioit les raiſons qu'il en auoit.

Certes il faut auoüer que nôtre Augufte Reyne peut porter dignement
le furnom de Patiente, parmy les autres titres d'honneur qui luy font of-
ferts , car à n'en mentir point, l'Hiftoire de fon premier Regne eft vn
vray miroir de Patience , où les plus
forts efprits peuuent aprendre l'art
de triompher d'eux mémes, en fe foû-
metant aux volontez de Dieu ; Quels
déplaifirs n'a-t'elle pas receus ; mais
quelle conftance n'a-elle pas exercée?
On auoit beau exciter auec étude fon
jufte réfentiment pour l'obliger à fe
plaindre , elle fçauoit fe taire , auffi
bien que fouffrir, & fon filence faifoit en cela vne partie de fa vertu, puis
qu'elle n'étoit muete que par ce qu'elle étoit Patiente.

Merueille toute nouuelle , comme
inconnuë aux fiecles paffez , de voir
la plus grande Reyne de la terre fujete
volontairement à la cenfure de tout le

monde , pour auoir fujet en oubliant
& fon authorité & fon pouuoir , de
s'humilier dans fa Patience : Ne peut
on pas foûtenir , qu'elle auoit autant
de Iuges , que de témoins de fes actions , mais comme tous enfemble
en deuenoient les admirateurs , fa
vertu étoit toûjours couronnée :
Ie veux dire qu'à force d'eftre patiente en fouffrant auec foumiffion toutes fortes de difgraces, le Ciel en chan-
geoit les efpines en rofes, & luy faifoit
goûter les douceurs du repos , au
méme temps qu'on la croyoit aca-
blée d'jnquietudes.

Mais ceffez de vous en étonner, la
Patience volontaire eft ordinairemēt
acompagnée de tant de graces, que
nous ne faifons , que le premier effay
de tous les maux que nous deuons
fouffrir. La vertu a fes aprentifs ,
auffi bien que le vice , dés qu'on
s'acouftume a fouffrir conftamment

les afflictions que Dieu nous enuoye,
céte habitude acompagnée de la grace
nous soulage si fort, que nous nous sen-
tons obligez à l'en remercier, plutôt
qu'à nous en plaindre; Ce qui me fait
croire auec beaucoup de raison que
nôtre Grande Princesse tiroit son
remede des maux mémes qu'elle souf-
froit , puis que ses souffrances
étoient volontaires , & que sa volonté estoit encore soûmise à celle de
Dieu , qui console toûjoursen affli-
geant les ames predestinées pour
sa gloire.

Ie me sens contraint de vous dire
ma penseé, dans vne ocasion & si belle,
& si pressante, au hazard de choquer
la modestie de cette digne Reyne;
Nôtre siecle ne nous fournit point
d'exemple d'vne Patience si parfaite
en toutes choses que la sienne; Si vous
considerez d'abord sa naissance, elle
ocupe aujourd'huy le plus haut trône

de la grandeur; fi vous arreftez vos penfées fur fa condition, la nature ny la fortune n'en ont point à donner de plus eminente: Que fi vous efleuez voftre efprit à l'admiration de fon merite, vous ferez contraint d'auouër auec moy , qu'il eft hors de toute comparaifon : Et ce font ces veritez qui feruoient de fondement à fa vertu de Patience pour en faire connoître la perfection ; Car qu'vne Princeffe Augufte de berceau , Abfoluë de côdition, & éleuée d'eftime au deffus de toutes celles de fon fexe , fe priue, à force de conftance, de la liberté qu'a le moindre de fes fujets de fe plaindre dans fes malheurs. Ce font des actions veritablemēt dignes d'elle feule , & remarquez encore pour vn nouueau fujet d'admiration , qu'elle n'a pas feulement pratiqué fa Patience dans quelques rencontres inopinées & non preucües , mais durant

rant tout le cours de son regne,
& l'on peut dire à son auantage, que
dés le premier jnstãt qu'elle est entrée
dans la penible carriere de cette
vertu, elle n'a jamais reculé vn pas
en arriere, quoy qu'elle ne vit le plus
souuent sous ses piez, que des soucis
& des espines.

Quel prodige, dit Seneque, de voir
vn homme temperé dans vne condition souueraine ; par ce que comme
son authorité absoluë le dispense des
loix, il ne suit d'ordinaire que celles
de son humeur ; Et c'ét vn miracle de
nature de s'imposer soy-méme la
peine de Tentale, brulant de soif sur
le riuage d'vne fontaine, sans l'étein-
dre.

Mais admirez aujourd'huy ce prodige, ou plutôt ce miracle en nôtre
Auguste Reyne, puis que dans sa puissance independente, son deuoir fait
tous ses desirs, & la raison toutes ses

V

efperances. Elle a beau étre éleuée au-
deffus des loix, celles de fa confcience
luy font toûjours inuiolables. De forte qu'elle n'eft abfoluë que pour fe
defendre abfolument de tout ce qui
n'eft pas jufté.

Ie vous laiffe le loifir de penfer encore aux nouuelles loüanges qu'elle
merite, tandis que fuiuát mon deffein,
ie vous reprefenteray fa vertu de
Temperance, comme auffi admirable
que les autres,

SA TEMPERANCE.

CHAPITRE VIII.

A Temperance veut étre acompagnée de toutes les grandeurs de la terre, afin que tout le monde ensemble soit témoin du peu de cas qu'elle en fait ; Ce qui m'oblige de croire que céte vertu parâit auec d'autant plus d'éclat en nôtre Auguste Reyne, qu'on la voit éleuée aujourd'huy sur le plus haut trône de la gloire, ayant tout à souhait, & tout à mépris. I'en formeray le huictiéme trait de ce Tableau, pour en augmen-

ter le pris dans l'employ de fa riche
matiere, puis qu'elle luy donnera fans
doute vn nouuel ornement.

S'il eft vray que les vertus s'é-
loignent des extremitez , pour tenir
vn milieu, céte place eft fi fort affeɕtée
à la Temperance qu'elle la remplit
toûjours; elle a cela de propre d'afer-
mir tellement le cœur de l'homme,
quoy que de fa nature il change à tous
momens, qu'on peut dire dans la pratique de fes aɕtions , que c'ét vn autre luy méme: l'abondance & la difete
luy font en méme confideration, il fuit
l'inutile, & fuit le neceffaire, reiglant
tous fes defirs à la mefure de fon befoin. Tertulien apelle céte vertu
furnaturelle, en ce qu'elle furmonte
par la feule force de fa moderation,
toutes les paffions de la nature qui ne
font qu'excez : étre temperé en toutes chofes au milieu de l'abondance ,
c'eft s'élogner de foy-méme pour s'a-

procher des Dieux , dont la vie eſt
toujours reglée. En effet le cœur de
l'homme eſt ſi auide de toutes choſes
que leur iouïſſance méme n'eſt pas
capable de l'aſſouuir, il eſt toujours al-
teré de céte ſoif de Tantale, dont la fable tirée de l'Hiſtoire, nous repreſente la verité dans le menſonge pour
noſtre inſtruction : Ce qui doit éleuer
nôtre eſprit à l'admiration de céte
vertu de Temperance, auec d'autant
plus de raiſon qu'elle guerit nos ames
de céte maladie contagieuſe des paſſions, qui la portent toûjours aux extremitez. Tous les anciens Philoſo-
phes faiſoient l'amour à céte vertu
ſans la connoître : mais comme ſes
preceptes auoient beaucoup de raport aux ſentimens de la nature rai-
ſonnable, qui ne ſe remplit iamais que
de ſa meſure abhorrant le ſuperflu, &
fuyant l'inutile, ils faiſoient profeſſion
publiquement de la ſuiure & de ſubir

V iij

ſes loix auec reſpeƈt.Et veritablement
ſi la Philoſophie eſt vn deſir de ſa-
geſſe, la Temperáce en eſt la pratique,
puis qu'elle peſe toutes nos aƈtions
dans ſa balance, pour les regler à la iu-
ſteſſe de ſon equilibre.

Mais diſons plutôt que philoſo-
pher aujourd'huy c'ét ſuiure les preceptes que nôtre grande Princeſſe
nous enſeigne par la pratique de ſa
Temperance, vertu ſi admirable en
elle dans ſon pouuoir abſolu, que
toutes les loüanges enſemble ne ſçau-
roiét exprimer ſon merite.C'eſt d'élle
ſeule qu'on peut dire ce qu'ó publioit
autrefois à l'auantage de Iudith,qu'elle ſe priue ſouuent des plaiſirs innocens qu'vne vie auſtere luy peut per-
metre. Toutes ſes heures ſont reglées,
tous ſes diuertiſſemens ſont ſerieux,
& de l'employ de ſa journée elle n'a
pas vn moment à ſe reprocher ;
Mais conſiderez la ſatisfaƈtion qui

luy en demeure , & l'vtilité qui nous
en reuient ? comme elle partage son
temps aux exercices de sa pieté, &
aux occupations des affaires d'Estat,
elle trouue son plaisir, & nôtre auantage dans ces differentes actions,
faisant celles-là par inclination, & par
vne sainte habitude, pour son repos,
& celles-cy par raison & par vn juste
déuoir pour nôtre conseruation ; Et
c'est céte merueilleuse façon de viure
qui nous fait admirer sa Temperance,
demeurant ferme en ses resolutions,
& immuable en ses volontez, pour
suiure toûjours le méme chemin durant le cours de son Regne , parmy
vn nombre jnfiny d'autres voyes differentes,& en apparence plus agreables, qui s'offrent tous les iours à ses
yeux.

La Temperance ne peut agir qu'en
presence de son contraire, il faut que
le chemin des extremitez luy soit

ouuert sans preuoir les precipices où
elles aboutissent, afin qu'elle soit
puissamment tentée pour estre plus
glorieusement triomphante; en effet
le milieu que céte vertu ocupe doit
étre entouré de pentes glissantes, où
la moindre de ses demarches la puisse
faire tomber , si de son affermisse-
ment elle tire toute sa gloire.

Nostre Auguste Reyne est aujour-
d'huy assize sur vn trône dont les
yssues sont si agreables que la volupté
y a semé tous ses apas , & c'est le seul
auantage que céte Illustre Princesse
peut acquerir par dessus celles de sa
condition, de demeurer ferme & stable sur la baze inebranlable de sa
Temperance , dans ce degré d'honneur où sa naissance l'a éleuée, pour
en porter la Couronne dignement:
Et comme sa vertu se trouue toûjours
exposée aux perils, dans ses combats
continuels, sa gloire s'augmente toujours

jours iufques à laiffer le deffi aux fiecles auenir, de faire voir à nos neueux
vne Reyne plus parfaite.

Saint Hierôme nous affeure que la
vie eft vne guerre continuelle, où
l'homme eft engagé dés le moment
qu'il eft capable de raifon, pour refifter continuellement aux attaques des
Demons, de la Chair, & du Monde;
Mais de tous fes combats, ie n'en
treuue point de plus preffant, ny de
plus glorieux que celuy de fa Temperance, au milieu des plaifirs licites. Ce
qui faifoit dire à vn ancien, que Traian
eftoit le feul qui auoit remply la place
de l'Empire, fans laiffer du vuide autour de luy : En effet tous ceux qui l'a-
uoient deuancé en céte condition fouueraine, auoient porté leurs paffions
fur le trône où ils eftoient affis : Et luy
tout au contraire, y portant fes vertus, auoit pris foin d'en augmenter
l'éclat pour meriter par raifon la

X

gloire qui luy eſtoit eſcheuë par ſuf-
frage.

Mais conſiderez que ſa Temperance ſeule, luy en conſeruoit les Couronnes, apres les luy auoir fait acquerir.
Seneque ſoûtient que c'eſt vne merueille en la nature, de voir qu'vn Roy
cherche ſa puiſſance dans la raiſon plutôt que dans l'authorité, & que ſon
Sceptre & ſa Couronne marquent
plutôt ſa condition que ſa Tyrannie;
C'ét étre plus qu'hõme, dit Saluian, de
porter vn cœur ſuiet aux paſſions, qui
s'en rende le Maiſtre, auoir tout à ſou-
hait, & ſuſpendre ſes deſirs entre le
iuſte, & le neceſſaire; C'eſt renaître
en ſoy-meſme ſans l'aide de la nature,
pour viure ſurnaturellement : Que
peut-on voir de plus admirable
ſur la terre qu'vn Monarque tout
puiſſant armé de ſon authorité abſoluë, ſans la mettre iamais en vſage, que
pour ſuiure les conſeils de la raiſon,

comme fi fon Sceptre ne luy feruoit
que de compas pour regler fes actions,
auffi bien que fes penfées?

Platon ne prefchoit à fes Difciples
que la Temperance pour porter dignement le furnom de Philofophe,
d'où vient qu'il appelle fort à propos,
céte vertu le flambeau de l'ame, fçachant qu'elle en éclaire les puiffances,
auffi bien que la raifon, apres auoir fer-
ui de guide aux fens, comme à des
aueugles nés, qui bronchent dans les
voyes les moins raboteufes. Ciceron
nous affeure que la Temperance peut
rendre vn homme accomply en toutes chofes, puis que dans ce milieu où
il eftablit l'affiette de fon ame, il ne
connoit les paffions que par leur nom,
s'étant mis à l'abry de leur violence:
Et c'ét inutilement, pourfuit-il, qu'on
cherche ailleurs la perfection auffi
bien que la felicité, fi la pratique de
céte diuine vertu, produit le com-

X ij

ble de l'vne & de l'autre.

Les Romains qui n'ont connu les
vertus, que par la feule lumiere de la
nature, auoient tant d'amour pour la
Temperance, que l'excés parmy eux
paffoit pour vn monftre, & à force
de pratiquer publiquement céte vertu, leur exemple en faifoit tous les
iours des nouueaux Difciples; Caton
ayant fait fes premieres eftudes dans
céte Efchole, n'eût pas beaucoup de
peine de s'éleuer aux plus hauts degrez de l'eftime publique par deffus
tous fes compagnons; Et certes il faut
auoüer que c'étoit le plus court chemin qu'il pouuoit tenir pour monter
au Capitole, fi les places en étoient affectées au merite: Ce n'eft pas que les
portes de ce Temple d'honneur ne
fuffent fouuent forcées par la violance des brigues, pour y faire entrer toutes fortes de gens : Mais quoy qu'ils
fuffent placez au nombre des autres;

la liurée du vice qu'ils portoient auec
eux, les en feparoit, tant ils étoient dif-
femblables : La vertu a cela de propre
qu'elle fe fait admirer de ceux méme
qui ne l'ayment pas, par ce que fes
actions éclatent fi fort à leurs yeux,
qu'ils n'en peuuent perdre le fouuenir,
quoy qu'ils en conferuent la haine.

Ce n'eft pas fans raifon que la pratique de céte vertu de Temperance
nous eft perfuadée dans l'vn & dans
l'autre Teftament, & que Saint Paul
nous enfeigne en parlant à Titus qu'elle doit eftre infeparable, & de la Iuftice & de la Pieté, pour pouuoir atten-
dre heureufement vne pleine redemp-
tion par les merites de nôtre Sauueur, d'autant qu'elle nous detache
des affections de la terre, pour éleuer
nos efprits & leurs penfées à la conquefte du Ciel. D'où vient que S. Bernard nous affeure que la Temperance
tient vne échole particuliere pour les

Diſciples de nôtre Seigneur, comme s'il nous vouloit perſuader qu'il faut ſuiure céte vertu pour porter dignement ce titre.

La vraye volupté ne ſe treuue que dans la ſeule jouyſſance du bien qui nous eſt neceſſaire, puis que le ſurabondant change de nature à nôtre confuſion, par le mauuais vſage que nous en faiſons. Il n'ét point de plaiſir ſolide que celuy que la Temperance, nous cauſe, par ce que côme ſon fondement eſt inebranlable étant élogné des extremitez qui le menacent de ruine, il ſe fait goûter auec d'autant plus de douceur qu'il nous paraît durable.

Cyrus chez Xenophon ne demandoit que du pain à ſon hoſte, étant aſſuré de treuuer ſes autres neceſſitez auprés d'vne fontaine, où il prenoit d'ordinaire ſes repas. Ce qui fait dire fort à propos à Quinte-Curſe, parlant

d'Alexandre, que s'il eût pû ioindre
la Temperance à ses autres vertus, la
Iustice luy eut conserué de siecle en
siecle ce surnom de Grand, que la flaterie du sien luy auoit donné.

La Temperance d'Agesilaüs impo-
sa la loy du Ieûne à ses Soldats, tirant
vanité de souffrir la faim à son exemple, & on lit du ieune Caton que le re-
fus qu'il fit de l'eau qu'vn des siens luy
presenta, au fort de la chaleur & de sa
soif, seruit de fontaine pour desalterer
en quelque sorte ses Soldats, puis que
tous furent rauis & satisfaits de sa con-
tinence : Et l'on a remarqué sur ce sujet que tous les grands Capitaines qui
ont fait profession de suiure céte vertu de Temperance, ont joint heureusement les lauriers des victoires qu'ils
remportoiét toujours sur autruy, aux
palmes du Triomphe d'eux mesmes.

L'Histoire chante sur vn ton bien
haut, la gloire de Monime Milesien

pour auoir refufé le prefent d'vn Sceptre & d'vne Corône que luy offroit
Mitridates Roy d'Armenie. Et nôtre
fiecle conferue encore cherement la
memoire du genereux mépris que le
grand Scipion, Torquato & Fabrice,
firent tous trois de la Dictature pour
viure en repos dans leurs maifons:
Mais certes toutes ces actions de
Magnanimité & de Temperance
perdent vne partie de leur éclat fi l'on
les compare à celles de nôtre grande
Reyne ; Ie veux que Monime fe
foit renduë plus confiderable dans
fon fiecle, que l'Empire qui luy fut of-
fert par le mépris qu'elle en fit. Et que
tous ces Heros de l'antiquité ayent
acquis plus de gloire à triompher de
leur ambition, que de leurs ennemis.
L'honneur que merite aujour-d'huy
nôtre Augufte Princeffe eft d'vn autre eftime. Elle ne fait point admirer
fa vertu de Temperance en fuyant
les

les grandeurs ; mais en les poſſedant &
ſans attache & ſans amour pour en
eſtre toûjours la Maitreſſe. Elle entre
abſoluë ſur ſes paſſions dans vne Empire abſolu ſur ſes ſujets, mais ce n’eſt
que pour rendre céte derniere authorité qu’elle prend, dépendente de la
premiere qu’elle s’eſt aquiſe. De ſorte
qu’on peut dire que ſon Regne eſt celuy méme de la Temperance, &
qu’elle mépriſeroit l’auantage de
l’vn, s’il n’étoit inſeparable de la gloire
de l’autre.

Les paſſions des eſclaues, dit Seneque, ſont d’ordinaire moderées par
la force de leur ſeruitude ; elles ne
regnent que dans leur volonté, encore eſt-ce ſi ſecretement qu’il en faut
deuiner l’empire ; Mais les paſſions de
leurs Maîtres, pourſuit-il, ſe forti-
fiant de l’authorité qu’ils ont, elles
regnent également auec eux & dans
leurs volótez, & dans leurs actiós, ſans

Y

connoître d'autres limites que celles de la puiſſance qu'ils poſſedent.

Et c'eſt à lors ce me ſemble que la Temperance agit ſurnaturellement quand elle agit auec ſuccez, donnant vn frain à ces indontables pour les conduire dans leur aueuglement au gré de ſes deſirs. Ouy, c'eſt dans vne authorité abſoluë que céte vertu ſe fait admirer , de méme que les paſſions ſe font craindre, parce que comme l'vne témoigne ſa force en triomphant, les autres font connoître leur pouuoir dans leur longue reſiſtence. Ce qui me ſert de raiſon à ſoûtenir que la Temperance de nôtre digne Princeſſe jete aujourd'huy de ſi ſolides fondemens de ſa grandeur, dans l'opinion des plus ſages , que tous les honneurs qu'on luy rend s'adreſſent plutôt à ſon merite qu'à ſa qualité, puis que celle-cy n'atache que les ſens à ſon eſtime , & que celuy-la remplit les eſprits de ſon admiration.

C'eſt la penſée d'Origene que la Temperance & la Royauté vnies enſemble font vn compoſé ſi nouueau à la nature qu'elle méme en demeure dans vn continuel rauiſſement: Auſſi eſt-ce la grace qui agit toûjours ſouuerainement en ces agreables mélanges, & en ces heureuſes rencontres dela moderation, & de l'abondance, comme ſi ce n'étoit pas de nôtre propre de pouuoir joindre ces deux extremitez ſans le ſecours du Ciel. Il eſt vray que nous contribuons de volonté à ce deſſein; mais Dieu ſeul fait tout le reſte, apres auoir jeté les fondemens de cét ouurage, ſur nos cœurs humiliez.

C'eſt de céte ſorte qu'il opere les merueilles que nous voyons en nôtre Auguſte Reyne dans les actions de ſa Temperance, luy donnant tout à la fois auec vn pouuoir ſouuerain, vne moderation admirable. Il eſt vray,

Y ij

les loix de ſon authorité ſont inuiolables ; mais les reigles de ſon deuoir
n'ont point d'exception. Elle voit la
juſtice à ſes pieds ; mais la juſtice
regne dans ſon ame ; Toutes choſes
luy ſont permiſes, mais elle ne fait que
les raiſonables. Ses ſens ſont continuellement enuironez de tous les objets
qui leur agréent le plus, mais elle en
élogne ſon cœur, pour en éuiter la
complaiſance. Enfin toutes les felicitez du monde ſont autant de degrez
par où elle monte ſur le trône de ſa
Souueraineté Independente, puis que
ſes ſeuls deſirs peuuent faire tous ſes
contentemens : Mais comme ces mémes degrez qui ſeruent à monter,
ont le méme vſage pour deſcendre,
on peut dire que ſi ſon corps ocupe
viſiblement la place qui eſt affeétée à
la Royauté, ſon eſprit demeure toûjours rabaiſſé & de volonté & de penſée dans vne condition priuée. De

forte que fa Temperance qui partage auec elle & fon pouuoir, & fon authorité, luy fait treuuer la difete dans l'abondance, & la moderation dans les excez, en reiglant toûjours fes defirs à la feule mefure de ce qui luy eft neceffaire.

Admirable Temperance de regner fouuerainement fur toutes les delices du monde, dont la force eft d'autant plus indomtable que nos fens tiennent leur party : merueilleufe Temperance, diray-je encore, de ne marcher jamais que fur les rofes qui naiffent fous fes pieds, fans en cueillir vne feule, afin de garder toûjours vne diftance proportionée à la foibleffe du fens qui affecte leur odeur. Ce qui me fait croire que céte vertueufe Princeffe jéte les yeux fur la terre auec autant de mépris, que fi elle étoit dé ja dans le Ciel.

I'ay de la peyne à paraître moderé

dans les loüanges que ſa Temperance
merite, puis qu'on n'a jamais ſceu
prendre la meſure du compas qui reigle les actions de ſa vie Comment
parlerois-je de la Temperance de ſes
charitables deſirs, s'ils n'ont ny bor-
nes, ny limites, pour le ſoulagement
des affligez, & pour la conſolation
des miſerables ? Ie ſuis contraint de
quiter le pinçeau ne pouuant treuuer
de couleurs aſſez viues pour animer
le huictiéme trait de ce Tableau, toutesfois ie veux me perſuader que ce
deffaut méme de mon pouuoir, aug-
mentera de beaucoup & ſon éclat &
ſon luſtre.

SA CHASTETE.

CHAPITRE IX.

E n'ay pas befoin de couleurs ny de pinceau pour reprefenter céte diuine vertu en noftre Augufte Reyne, puis que fa vie eft vne glace de miroir, où les plus clairs voyans n'ont iamais fçeu treuuer vne feule tache. Sa condition en confirme la creance publique ? fi les cœurs des Roys font en la main de Dieu, comme à l'abry des impuretez du Siecle. Et pour tout dire en vn mot, fes actions en ont publié fi haut la verité,

que le bruit s'ét fait entendre auſſi
loin que le Soleil ſe fait admirer.

C'ét icy ou l'Art cede à la Nature:
c'ét icy où l'éclat de la matiere ſeruant de forme pour l'animer, ébloüit
mes ſens & met en deſordre toutes
les puiſſances de mon ame, dans l'admiration continuelle ou elle eſt? Comment pourrois-ie dépeindre vne vertu, qui tirant ſa nature de celle des
Anges s'éleue infiniment au deſſus de
la nôtre, pour ſe rendre toûjours in-
comprehenſible. Où treuueray-ie des
couleurs aſſez pures pour depeindre
la Pureté méme, & qui me fourniroit
de Pinceau pour repreſenter ſon Image, ſi la ſeule idée que i'en ay, remplit
mon imagination d'étonnement, plutôt que de connoiſſance. Toutesfois
ſi les effets font connoiſtre leur cauſe,
ie vous feray voir dans les actions
toutes pures, & toutes innocentes de
nôtre grande Princeſſe, l'éclat & la
beauté

beauté de cette adorable vertu, selon
la portée de mon esprit & celle de vos
sens, puis qu'en cela l'objet se trouue
infiniment éleué au dessus de la puissance. Oüy ie vous representeray les
chastes inclinations de céte Auguste
Reyne dans tous les éloges qu'on donne à la Chasteté sans m'attacher à l'e-
stime particuliere de la sienne ; comme étant dans vne admiration si publique, que toutes les loüanges du
monde ne peuuent rien adiouter à son
éclat.

S. Iacques dit vn beau mot en sa Ca-
nonique, que le premier charactere
de la Sagesse qui vient d'en haut est la
Chasteté, comme s'il nous vouloit
persuader qu'il faut de necessité que
l'ame soit disposée à receuoir les premieres graces du Ciel, par la pratique
de céte diuine vertu, afin que l'vne
opere heureusement auec l'autre dans
les proportions, & dans les conuenan-

Z

ces qu'il y a d'vne matiere toute pure,
auec vne forme celeste. En effet il n'a-
partient qu'aux cœurs chastes de respirer parmy les Lis, pour en meriter
les Courónes : Ie veux dire les benedictions & les graces dont Dieu les comble incessamment. C'ét céte rosée du
matin qui se repend tous les jours sur
les fleurs par vn ordre continuel &
immuable, puis qu'aussi souuent le
Ciel verse ses benignes influences dans
les ames chastes, qu'vn Docteur de
l'Eglise compare fort à propos aux
Lis des vallées, en leur donnant des
sentimens élognez de la terre, éleuez
au dessus de la nature, & plus propres aux Anges qu'aux hommes.

D'où vient que l'Epithalame que le
Prophete Royal consacre à l'honneur
d'vne tres-chaste épouse, sous le titre
des Lis, comme on remarque dans le
Pseaume quarante-quatriéme, S. Hierôme en fait l'adresse aux Viérges, sous

le méme titre, pour nous perſuader qu'vne ame chaſte eſt vn Lis toujours épanoüy entre les mains de Dieu, puis que la grace dont il eſt côtinuellement aroſé empeſche qu'il ne ſe fletriſſe.

Mais diſons maintenant que ſi nôtre Auguſte Reyne a eu les Lis en partage, de toute eternité, comme vne nouuelle marque de ſa grandeur Royalle, elle en porte la pureté dans l'ame dés le moment de ſa naiſſance, comme vn charactere d'vne eminente perfeétion, qui l'éleue encore ſur vn degré beaucoup plus haut que celuy de ſon Empire. Cé qui m'oblige de croire que la Prouidence ne la deſtinée à porter les Lis que pour nous faire connoître les vertus de ſon ame, dans ſa pureté, plutôt que la grandeur de ſa condition dans ſa puiſſance abſoluë.

Saint Iean Damaſcene nous aſſure que le juſte Noé ne creut point étre hors de danger, aux premiers jours du deluge ; quelques promeſſes que Dieu luy eut faites de le garantir du naufrage , que lors qu'il eut mis le Timon de ſon Arche entre les mains de la Pudicité , ordonnant que les hommes fuſſent ſeparez des femmes. Ce qui nous fait voir que céte Vertu n'eſt pas ſeulement vn abry à l'épreuue des châtimens de Dieu, mais encore vn remede ſouuerain pour nous guerir du mal de la crainte , puis qu'elle établit & la ioye & le repos au milieu de nos cœurs, dés le moment qu'elle y établit ſa demeure.

Iugez maintenant de la tranquilité, dont nôtre grande Princeſſe jouït, dans la pureté qu'elle reſpire : ne peuton pas ſoutenir, qu'ayant mis, comme elle a fait, le Timon de cét Eſtat entre les mains de ſa Pudicité, nous ne deuons point aprehender les orages des guerres étrangeres, & moins encores les écueils des diſcordes ciuilles,

puis que céte diuine Vertu, comme
vne Etoille de Mer guide si heureusement la Nauire de la France, qu'elle
surgira toûjours au port de ses desirs.

Saint Hierôme expliquant les paroles de Saint Luc, qu'Anne étoit fille
de Phanuel, & de la Tribu d'Aser, dit
que le Saint Esprit n'a pas seulement
inspiré ces paroles, pour seruir à l'Histoire : mais pour découurir le mistere
caché en leur signification. Anne c'ét
la méme chose que Grace, Phanuel
signifie la face Dieu, & Aser la beatitude. De sorte que le Saint Esprit nous
a voulu faire sçauoir l'alliance qui se
trouuoit entre Anne, c'ét à dire entre
la grace d'vne chaste viduité, & le bon-
heur de la gloire, qui consiste en la possession de la souueraine felicité.

Mais tirant vne nouuelle explica-
tion de céte Allegorie sur mon sujet,
ie me persuade auec autant de raison

que de connoiſſance. Que nôtre Anne incomparable , joignant la grace qui eſt inſeparable de ſon nom , auec les benedictions qui acompagnent la chaſteté de ſon vefuage , elle nous fait treuuer dans les douceurs de ſon Regne , toutes les felicitez d'vn ſiecle d'or.

C'eſt la penſée de Tertullien que la viduité auec la connoiſſance d'vn ſeul mariage , eſt vn ſacrifice que la Pudicité offre continuellement à Dieu, non pas des biens de la terre , ny de la fortune ; mais des biens de la chair, qui ſont des parfuns tres-odoriferans qui ſe brûlent comme ſur les autels de l'ame , à l'honneur de celuy qui l'a creé.

Saint Auguſtin dit que la Chaſteté eſt inſeparable de la Magnanimité, & que toutes deux s'éloignent égalemet de la nature ; comme ſi elles aprehendoient ſes aproches dans l'impureté où elle eſt. D'où viẽt que ces vertus

doiuent étre propres & affectées aux
Roys, comme étant éleuez auec elles
au deſſus du commun. Ce qui rend aujourd'huy nôtre Auguſte Reyne d'autant plus admirable aux yeux de toute la terre, que ces vertus ſont éminentes en elle ; éloignant ſi fort & ſon
cœur, & ſon eſprit des ſentimens, &
des penſées indignes de ſa naiſſance,
& de ſa condition, qu'elle vit dans le
monde, comme ſi elle n'y étoit pas, je
veux dire ſans receuoir aucune atain-
te des foibleſſes de nôtre nature.

Seneque ſemble étre en doute ſi l'on
doit loüer particulieremét les Princeſſes pour leur Chaſteté, puiſque c'eſt
vne vertu qui étant le partage de leur
ſexe, leur peut étre commune auec
toutes leurs ſujetes. Toutesfois il me
ſemble que comme céte qualité les
fait reuerer de tout le monde, en les
rendant auſſi abſoluës ſur leurs volontez que ſur leurs ſujets : ce nouuel

Empire fur elles mémes, dont elles
entrent en poffeffion, les éleue fi haut
dans l'eftime d'vn chacun, que le plus
eloquent manque de termes plutôt
que de raifon pour loüer leur merite.

Certes quand les inclinations de céte vertu preuienent heureufemét le deuoir, qui engage vne Dame à la pratiquer, elle en eft d'autant plus loüable
que fes fentimens ont precedé fa raifon pour luy perfuader de s'aquiter enuers foy-méme d'vne fi jufte obliga-
tion. Les loix de céte forte de deuoirs
ne peuuent étre jamais fi confidera-
bles que celles que fes propres fentimens luy impofent, puis que pour
étre vrayment chafte il la faut étre na-
turellement.

La Pudeur méme a des apas tous
particuliers pour fe faire aimer, apres
s'étre fait connoître: mais l'on peut dire d'elle auec Seneque qu'elle attire le
refpect

refpect auec l'amour , portant vne majefté fur le front qui humilie les cœurs auant qu'en faire vne chafte conquefte.

La Chafteté a des atraits fi puiffans , qu'elle difpute du prix de la Beauté, auec elle-méme. D'où vient que Lucreffe a fait plus d'efclaues par la reputation de céte vertu, que par le bruit de fa beauté, quoy qu'elle n'eut point de riuale en fon fiecle.

C'eft le fentiment d'Origene, que la plus belle Dame du monde paraît fi effroyable aux yeux des ames chaftes, fi elle ne l'eft pas, qu'on la cherche en fa prefence ; comme fi en perdant les graces qui l'acompagnent auec céte vertu, elle perdoit tous les traits de fa reffemblance.

Combien de Dames de toutes fortes de nations ont engagé la Pofterité à conferuer la memoire de leurs noms par celle de leur Chafteté ; comme fi

A a

l'odeur de céte diuine vertu ſe com-
muniquoit dans les cœurs par les oreil-
les , en parlant de celles qui l'ont ſi
parfaitement pratiquée ; Mais il faut
conſiderer qu'elles n'en ont poinr
remporté les coronnes , qu'apres la
victoire, & que ſi elles ont étably leur
reputation à l'épreuue de la calomnie,
durant leur ſiecle , ce méme ſiecle a
eſté temoin de leur combat, & de leur
triomphe. Sara nous en fait voir l'e-
xemple dans ſa maiſon , Suſane dans
ſon Iardin , Zenobie dans ſa Cour, &
nôtre Auguſte Reyne dans tous les
lieux du monde , les embaumant de
l'odeur de ſa vertu.

C'eſt dans les grandeurs ſouuerai-
nes, que céte vertu ſe rend adorable
quand elle eſt inuincible , par ce que
comme tous les objets qui s'offrent
aux yeux d'vne grande Princeſſe, em-
pruntent le viſage de la volupté pour
luy plaire, elle nous paraît d'autant

plus vertueuse qu'elle est puissante,
puis qu'elle ne se sert de son pouuoir
que pour rendre la raison plus forte
que luy. Et c'ét céte raison qui ayant
commencé la premiere de regner dans
l'ame de nôtre Auguste Reyne, separe
heureusement l'Empire qu'elle s'ét
aquis sur les volontez, de celuy qu'elle
a sur ses sujets, pour nous faire voir
qu'elle peut porter deux fois la qualité
de Reyne, si elle n'est pas moins absoluë sur ses passions, que sur son peuple.

De moy éleuant mon esprit à l'admiration de céte vertu de Chasteté, ie
veux croire que les ames qui sont viuement touchées de ses sentimens, &
qui suiuent toujours ses inclinations,
sont d'vne trempe differente à celle
des autres. Ce n'ét pas que toutes ensemble ne soient les ouurages d'vne
main toute puissante; mais comme la
vie toute pure que celles-là respirent,

les fepare & les diftingue en quelque
forte de celle-cy : ie remarque tant de
diference de l'vne à l'autre , que la lumiere feule de mon efprit ne fufit pas
pour me perfuader qu'elles font toutes égalles dans leur nature fimple.

Quel raport & quelle conuenance
y peut-il auoir d'vn Ange à vn homme, ie veux dire d'vne ame chafte auec
vne toute plaine d'impureté , c'ét vnir
deux contraire enfemble. Et Origene
nous affeure que la Nature fouffriroit
plutôt le vuide, que la Vertu la compagnie du vice.

Capitelin remarque en fon liure des
Coûtumes des Romains, que le Senat
s'affembloit d'ordinaire dans le Temple de la Pudicité, pour élire les Em-
pereurs. Et au raport de Tite Liue, il
y auoit vn Temple dans Rome confacré à la Chafteté Patriciene, où les feules Dames Illuftres pour leur vertu,
auffi bien que pour leur naiffance,

auoient la liberté d'entrer. Le mefme
autheur nous affeure auffi qu'vne Dame Romaine femme d'vn Conful, ne
peut iamais eftre admife aux myfteres
qui fe celebroient dans ce Temple,
quelque grande que fut fa vertu, parce que fa Nobleffe n'étoit pas an-
ciene.

Ce qui nous oblige de croire en ce
fiecle où nous fommes, que fi l'Empire des femmes étoit electif, comme
celuy des hommes, nôtre Digne Princeffe en r'emporteroit la Couronne
par le feul auantage de fa vertu, plutôt
que de fa naiffance, quoy qu'elle foit
Augufte : Et il eft croyable encore
que fon Louure feruiroit de Temple
pour faire vne fi judicieufe élection,
comme vn lieu confacré à toutes les
vertus enfemble, puis qu'elle y fait fa
demeure.

Ie vous laiffe à confiderer en fuitte,
tirant des nouueaux enfeignemens de

ces belles coûtumes. Que céte vertu de Chaſteté ſe rend ſi conſiderable en vne Reyne, qu'elle nous tenteroit d'idolatrie, comme dit Seneque ; ſi les Dieux pouuoient ſoufrir des Riuaux dans le culte qui leur eſt deû.

I'aurois mauuaiſe grace de vous preuuer céte verité par des exemples eſtrangers, ſi celuy de nôtre Chaſte Princeſſe propoſe & conclud tout à la fois, l'argument que i'en pourrois faire. La voix des peuples qui eſt celle meſme de Dieu pronóce tous les iours cét oracle qu'on n'en verra iamais vne plus parfaite : mais comme ie deſire encore vous en laiſſer vn témoin irreprochable auec ce Tableau, i'en formeray le dixiéme trait, apres auoir employé les efforts de mon art à paracheuer ce neufiéme.

SA MODESTIE.

CHAPITRE X.

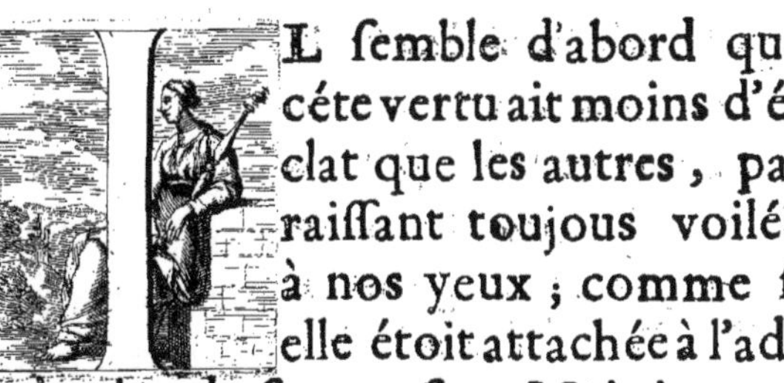

IL semble d'abord que céte vertu ait moins d'éclat que les autres, paraissant toujous voilée à nos yeux ; comme si elle étoit attachée à l'admiration de soy-mesme. Mais ie vous rediray encore pour nôtre commune instruction. Que châque vertu a sa beauté particuliere, & quoy que l'vne differe de celle de l'autre, toutes sont si admirables, que les mesmes cœurs qui soûpirent continuellement pour

celles-là, refpirent fans ceffe apres celles-cy, fçachant par vne connoiffance
fenfible, qu'on ne peut s'attacher à la
fuite d'vne feule, fans auoir de l'amour
pour toutes enfemble.

La Modeftie eft fi propre aux perfonnes d'vne eminente condition,
qu'on diroit que la nature a pris plaifir
de leur feruir de Maitreffe d'Echole
durant leur enfance, pour leur enfei-
gner la pratique de cette vertu, puis
que d'ordinaire elles nous en font voir
les habitudes dans leurs façons de viure. Il eft vray que la memoire de leur
naiffance illuftre, eftant vn objet affez
puiffant pour les obliger au refpect
d'eux-mémes : ie veux dire à garder
toûjours céte decence qui doit eftre
infeparable, de leurs paroles, & de
leurs actions, elles ne peuuent ce me
femble, fans oublier tout à fait leur
condition, violer les loix de modeftie,
que céte vertu leur a impofée dés le
berceau.   **Et**

Et c'ét sur le fondement de céte verité reçeuë de tout le monde, que ie vous feray voir dans le dixiéme trait de ce Tableau, la Modestie naturelle de nôtre grande Princesse, ie dis naturelle, puis que sa naissance Auguste, & sa condition Royalle ont imprimé dans son ame dés le berceau, les caracteres de céte vertu, non seulement pour la pratiquer aux yeux de toute la terre ; mais encore pour en faire des leçons aux plus parfaites de son sexe.

Les plus grands du monde sont sujets à la censure des plus petits : ce qui les oblige à conseruer toûjours dignemét cét Empire Souuerain qu'ils ont sur leur peuple, en faisant des actions aussi considerables que leur authorité. Neron, comme remarque Seneque, ne porta que cinq ans la qualité d'Empereur, ce n'ét pas que son Regne ne fut de plus longue durée : mais comme il

B b

se relâcha de son deuoir apres ce petit
nombre d'années, s'abandonnant par
vn excez de lâcheté à toutes sortes de
crimes, il ne conserua que la puissance
de céte condition Souueraine pour
exercer sa tirannie, apres auoir effacé
de ses propres mains les caracteres
de la Majesté, que le Ciel luy auoit im-
primés sur le front. Et le mesme Autheur nous asseure que dés l'instant
qu'il eût perdu céte modestie qui
acompagnoit ses actions publiques,
pour le faire considerer par soy-méme, plutôt que par ses grandeurs, il
s'égara dans leur dedale, sans en treuuer iamais la sortie.

On lit dans l'Histoire des Roys de
Perse, qu'ils ne paressoient iamais en
public qu'auec toutes les marques de
leur grandeur Royale, à fin, comme remarque Herodote, que ces ornemens
exterieurs adioûtassent quelque chose
de leur éclat à celuy de leur Majesté,

pour la rendre plus venerable aux yeux du peuple : & c'ét la Modeftie qui fait la Majefté des Roys, reiglant leurs geftes & leurs actions à vne fi iufte mefure, qu'on peut voir par le dehors l'affiette de leur ame, ie veus dire cét affermiffement d'eux mémes, dans toutes les rencontres où ils doiuent garder la decence qui eft affectée à leur condition.

Vous pouuez conoître céte verité plus fenfiblement en nôtre Augufte Reyne, puis qu'elle fait tous les iours admirer fa Majefté dans fa modeftie, ne paroiffant iamais en public qu'à la compagnie de céte vertu. Et à n'en mentir point fon riche ornemeht augmente d'vn fi vif éclat celuy de fes graces ordinaires, qu'on peut foûtenir hardiment, que fi la grandeur & la pompe qui l'enuironnent de toutes parts, luy attirent des refpects & des foûmiffions de tout le monde : La Mo-

deftie qui l'acompagne en tous lieux
luy affuietit l'efprit d'vn chacun, apres
l'auoir charmé par les apas d'vne vertu fi admirable.

Saint Thomas dit que la Temperance eft la reigle de l'interieur de
l'homme, & la Modeftie de l'exterieur ; en effet fi l'vne modere les paffions de l'ame, l'autre fert de guide aux
geftes du corps : Celle-là dis-ie illumine l'efprit, & celle-cy éclaire les fens:
mais fuiuant la penfée de Seneque, la
Modeftie inftruit beaucoup plus que
la Temperance, par ce que comme la
derniere fait fes leçons en fecret, & la
premiere en public, l'vne qui ne regarde que le domeftique de l'ame : elle
feule reçoit l'vtilité de fes inftru-
ctions ; & l'autre donnant fes preceptes à tout le monde, fe fait autant d'admirateurs qu'elle a de difciples.

La Modeftie c'ét ce que nous apel-
lons le beau & l'honnefte dans toutes

les actions de la vie ; & comme céte
decence tire son éclat de la lumiere de
l'ame, elle en répend les rayons sur le
corps. D'où vient que Saint Hierôme
parlant de céte vertu, dit fort à propos
qu'elle est le poux de nos ames, par ce
que comme du mouuement du poux
on tire des coniectures de la santé du
corps, on peut iuger de mesme par la
modestie de ses actions de la probité
de son ame.

La pensée de Cassiodore me semble
fort belle, quand il dit que la Modestie est vne espece de diuine harmonie,
qui resonne de l'esprit où elle se forme
en tout ce que nous pouuons faire de
vertueux. D'où vient que Platon apelle vn homme Modeste vn bon Musi-
cien, qui ne se reigle pas au son des in-
strumens, mais qui ordonne sa vie, &
l'accorde parfaitement aux instru-
ctions de la vertu.

Tertullien nous témoigne que la

Modeſtie étoit le premier caractere
qui diſtinguoit les Chreſtiens des In-
fidelles : Et Tacite remarque qu'on
connut autresfois la Religion de Gre-
cina par la Modeſtie de ſon exterieur,
iugeant auec raiſon qu'elle étoit trop
modeſte pour n'eſtre pas Chreſtiene.
Saint Chriſoſtôme apelle les actions
exterieures qui ſe font auec modeſtie,
les couleurs de la vertu qui repreſentent au dehors vn Image de la Sageſſe,
dont l'original eſt dans l'eſprit, & ſuiuant céte penſée Saint Hierôme compare vne Eſpouſe de nôtre Sauueur à
l'Arche du Sanctuaire, qui étoit do-
rée au dehors auſſi bien qu'au dedans,
c'ét à dire que la modeſtie de ſes
actions s'accordoit à l'innocence de la
vie qu'elle auoit toûjours profeſſée.

Mais conſiderez céte verité auec
tout l'éclat qui l'acompagne dans toutes les actions de nôtre digne Princeſſe, comme autant d'Images de céte

belle vertu ; Ne peut-on pas dire que
céte grande Modeſtie qui reluit ſi viuement en tous ſes déportemens, eſt
vn témoin ſans reproche de l'innocence de ſon ame, dont la lumiere rejalit ſi heureuſement au dehors pour
l'inſtruction de celles de ſon ſexe, que
les plus modeſtes le deuiennent encore d'auantage, ne pouuans atteindre
à la perfection de céte vertu, qu'en
l'imitant.

Pytagore ne connoiſſoit iamais ſes
Diſciples qu'à l'épreuue de leur Modeſtie, comme la ſeule marque qui les
diſtingoit des autres, & parmy les
Stoiciens ceux qui portoient le ſurnom de Sage le conſeruoient cherement par la pratique de céte vertu,
puis qu'elle auoit le pouuoir de les
rendre fort conſiderables en tous
lieux. Ce qui faiſoit dire ſans doute à
Tertullien qu'on entendoit parler le
Sage en le voyant.

La penſée de Saint Chryſoſtome
paraît hardie quand il dit que la Modeſtie de Daniel adoucit la ferocité
des Lyons; comme s'ils euſſent connû
à la lumiere de leur inſtint, la beauté
de ſon ame par la beauté de ſon exterieur. A n'en mentir point, céte vertu
a de ſi puiſſans apas pour charmer l'eſprit par le ſens, que les ames les plus
farouches en ſont viuemét touchées.
Eſtre Modeſte, dit Seneque, c'eſt faire
le Souuerain en tous lieux, puis que
par tout nous impoſons des loix de
reſpeſt à tous ceux qui nous regardét.

Ie prens vôtre memoire à témoin
de céte verité, pour vous faire confeſſer auec la voix publique, que quand
nôtre Auguſte Reyne ne nous oblige-
roit pas par la raiſon de ſa qualité, à
luy faire voir dans nos ſoûmiſſions
celles qui luy ſont deuës, ſa Modeſtie
auroit tant de force ſur nos eſprits,
qu'il faudroit de neceſſité luy rendre

par

par deuoir les mémes hommages
qu'elle exige de nous par feruitude.

Ciceron parlant de la pompe & de
la magnificence qui fuiuent infepara-
blement les Roys, nous témoigne que
ce font des ornemens eftrágers qui di-
minuent l'éclat de leur Majefté, au lieu
de l'augméter, fi leur vertu n'y adioûte
quelque chofe du fien, c'ét à dire fi
leur Modeftie qui fe fait voir la premiere, & qui les découure aux yeux
de tout le monde, n'en attire le refpect,
& l'affection, plutôt que l'étonnement, & la crainte.

On s'enquit vn iour de l'Imperatrice
Liuia, auec quelle adreffe elle auoit
également affujety & l'efprit, & le
cœur de fon Mary Augufte, & qu'elle
refpondit, Que fa Modeftie auoit fait
céte glorieufe conquefte.

De vous dire maintenant auec quels
charmes innocens nôtre grande Princeffe affuietit fous fon Empire tous les

C c

diuers peuples de la terre ; N'atendez
pas que ie vous réponde comme céte
Illuſtre Romaine, que ſa ſeule Modeſtie trauaille continuellement aux
chaiſnes de céte ſeruitude. Puis que
d'vne commune voix tous ces peuples publient hautement, mais ſans
relâche, & ſans interualle: que ſa Pieté
incomparable y met la main : que ſa
Iuſtice admirable y employe ſes ſoins:
que ſa Bonté merueilleuſe y contribuë ſes penſées : que ſa Clemence ſi fameuſe prend part à cét ouurage : que
ſa Liberalité toute nouuelle y joint
ſon induſtrie : que ſa Magnanimité
Heroïque y trauaille également : que
ſa Temperance extraordinaire y paraît ocupée: que ſa Patience plus que
mortelle s'y fait admirer à ſon tour:
que ſa Chaſteté adorable en paracheue peu à peu l'ouurage, attendant que
ſon Humilité & ſa Prudence vous en
facent voir la perfection auec les der-
niers traits de ce Tableau.

SON HVMILITÉ.

CHAPITRE XI.

COmment depeindray-ie céte vertu, si elle paroît toûjours déguisée a nos yeux, comme si elle aprehendoit d'estre connuë: mais le Soleil a beau se cacher, sa lumiere le trahit, puis que ses rayons le découurent : De méme puis-ie dire que l'Humilité à beau fuir le iour & se cacher à l'ombre de son deguisement, pour ne paroître iamais qu'en inconuë, ses actions toutes éclatantes persent les tenebres dont elle

se veut couurir, & en fuiant la lumiere, celle qui la suit inseparablement
nous la fait voir à toute heure.

Ie vous representeray donc céte
vertu sous le voile de Thimante, dont
l'obscurité fit éclater viuement la douleur qu'il vouloit cacher : Ie veux dire
que le defaut de ma puissance à vous
faire voir son Portrait, vous la dépein-
dra au naturel, si les especes de son
image pure & simple se laissent conceuoir à nos esprits plutôt qu'à nos sens.
Toutesfois, puis que nôtre Auguste
Reyne porte les marques de sa ressemblance, ses actions me seruiront & de
couleur, & de pinceau, pour vous en
representer vne parfaite immage.

Le Docte Rupert parlant de l'Humilité, dit que c'ét la force de toutes les
vertus, puis qu'auec elle Iacob osa
combattre Dieu mesmes sous la figure
de l'Ange, emportant l'auantage sur
luy dans la lute. Mais la remarque que

fait vn Pere de l'Eglife fur ce fujet me
femble fort belle, quand il dit qu'il fa-
loit de neceffité que l'Ange fut vaincu
en ce combat, puis que la terre en
étoit la cariere. Par ce que comme
l'Humilité tire fa force & fa vigueur
de la terre dont elle fe couure, de méme qu'vn autre Anthée, elle eftoit affeurée de vaincre & de triompher
toûjours. En effet fi les degrez de fa
bafeffe font ceux mefmes de fon éleuation ? ne peut-on pas dire que les
fondemens de fon trône font ine-
branlables.

Que l'Humilité eft puiffante s'écrie
Saint Auguftin, d'auoir fait defcendre
du Ciel en Terre leur Createur. Vne
feule parole d'vne Vierge humiliée fait
rabaiffer céte Maiefté adorable iufques dans vne Creche, apres s'eftre
reueftuë des miferes de noftre condition. Par ce que Dieu a ietté les yeux
fur l'humilité de fa feruante, dit elle

Cc iij

méme dans fon Cantique, tout le mô-
de enfemble publiera de fiecle en fiecle
les felicitez dont le Ciel l'a voulu combler ; mais confiderez le fens miftique
de ces diuines paroles, que l'aneantif-
fement de céte Vierge ferue de trône
au Createur de toutes chofes.

Rupert apelle l'Humilité la Tour de
Dauid, où eftoient attachées les armes
des plus forts, & d'où ce diuin Prophete prit les fiennes, quand il falut
combattre Goliat & triompher de
Saul. Tout cede aux efforts de céte vertu, & Moïfe s'en fert fi heureufement
pour apaifer la cholere de Dieu, quoy
qu'il ait defia en main les foudres de
fa Iuftice dans le deffein de punir fon
peuple idolatre. Qu'vne feule larme
puifée d'vn cœur humilié éteint leurs
flames vengereffes à mefure qu'elles
s'alument.

Saint Cyprien nous affeure que la
premiere entrée dans le Chriftianifme

fe doit faire par l'Humilité, puis que
nôtre Sauueur rabaiffé en fa naiffance
iufques à la Creche, & humilié en fa
mort iufques à la Croix, nous en a ouuert la porte par fes exemples d'abaiffement & d'humiliation, foit dans fon
berceau, foit dans fa fepulture.

Confiderez maintenant les graces
& les faueurs toutes particulieres,
dont le Ciel a pris plaifir de combler
nôtre grande Princeffe, l'ayant defti-
née de toute eternité, non feulement
à receuoir en naiffant les caracteres du
Chriftianifme, par fon Baptefme; mais
encore à porter vn iour la qualité de
Reyne tres-Chreftienne par fon Mariage. Ne vous perfuadez pas toutesfois que ces marques foient les feules
qui ayent contribué à l'eftabliffement
de fa Pieté, fon abaiffement & fon Humilité volontaires en ont ietté de nouueaux fondemens.

Quelle merueille de voir la plus

grande Reyne de la terre couuerte de
ſa pouſſiere, dans le mépris qu'elle fait
de toute la pompe qui la ſuit : Qu'elle
nouueauté à nôtre ſiecle qu'vne Princeſſe auſſi éclatante de ſa propre Majeſté, que le Soleil de ſa lumiere,
ſe cache le plus ſouuent de meſme que
ce bel Aſtre, ſous les nuages. Ie veux
dire dans les abaiſſemens & dans les
humiliations dont elle couure ſa grandeur ; comme ſi elle ſe cherchoit toûjours inutilement dans ſa puiſſance abſoluë & qu'elle ne ſe peut iamais treuuer que dans ſon humilité ordinaire.

Saint Gregoire dit qu'eſtre humble,
c'ét étre toutes choſes, puis que l'Humilité ſe voit éleuée au deſſus des grandeurs qu'elle mépriſe. Elle ſe pare des
Coronnes qu'elle foule aux pieds, &
il n'eſt point d'Empire icy bas qui ne
releue d'elle en quelque ſorte, par le
peu d'eſtime qu'elle en fait.

On lit de Moïſe que toutes les fois
qu'il

qu'il décendoit de la Montagne où il
parloit à Dieu, son visage étoit si
rayonant de lumiere que les Israëlites
en étoient éblouïs? Mais chose étrange, son humilité en cachoit si fort l'é-
clat à ses yeux, qu'il ne s'en aperçeuoit
pas? Et c'ét le propre de céte vertu de
porter le iour par tout où elle se trouue, sans penser iamais qu'elle méme le
produit.

Saint Bernard dit que les Roys ont
cét auantage par dessus leurs sujets,
de pouuoir pratiquer parfaitement
céte vertu d'humilité: par ce que comme il y a vne grande distance de la souueraineté à la soûmission, leurs Maje-
stez décendent si bas toutes les fois
qu'elles s'humilient qu'on ne peut rien
adioûter au merite de leur abaissemét.

Et c'ét ce qui rend aujour-d'huy
d'autant plus admirable nôtre Auguste Reyne, qu'elle s'élogne de sa
côdition Souueraine, pour se rabaisser

D d

iufques à la nôtre, dans fes actions ordinaires de charité. On a beau contempler fa Majefté dans fon cercle, le
méme iour qu'elle paroît fur ce trône,
elle fe fait voir dans les prifons? Et parce que la qualité de Reyne qu'elle porte, luy fait aprehender de treuuer à fes
pieds tous les miferables qu'elle vifite,
elle abandonne les grandeurs qui la
fuiuent, & fe laiffe conduire à fon humilité auffi bien qu'à fon zele, pour
rencontrer heureufement les moyens
de metre en pratique céte vertu, en fe
rabaiffant iufques à feruir les malades.

Combien de fois l'a-t'on veuë fans la
conoitre dans les Hofpitaux en action
de confoller les affligez, & de penfer
mémes les bleffez, apres auoir également affermy & fon cœur & fon efprit contre les atteintes des horreurs
qui enuironent ces lieux triftes & funeftes; Et c'ét là où elle oublie fa condition, auffi bien que le long temps

qu'elle y paſſe, n'ayant pas moins de peine à remonter ſur ſon trône en retournant dans ſon Louure, qu'elle a eu de plaiſir d'en décendre pour faire ſa nouuelle entrée dans ces maiſons de charité.

La penſée de Saint Auguſtin eſt admirable, quand il dit que les Empires & les trônes ſont des biés de la Terre, plutôt que des faueurs du Ciel, ſi ceux qui iouïſſent des grandeurs qui leur ſont affectées ne ſçauent l'art de s'humilier. En effet puis que Nôtre Sauueur, qui eſt la ſource de toutes les grandeurs eternelles, s'ét r'abaiſſé iuſques à la mort, il a mis le prix de la gloire en l'humilité, de ſorte qu'on ne conoît plus aujour d'huy les ames Nobles & Heroïques que par les caracteres de leurs ſoûmiſſions, & de leurs abaiſſemens volontaires, ſi elles nous paroiſſent d'autant plus éleuées ſur le commun, qu'elles s'aprochent en s’humiliant de nôtre Redempteur, comme de la source de toutes les grandeurs infinies.

Et certes i’ose dire que nôtre grande Princesse nous paroît la plus grande du monde, puis qu’elle décend tous les iours de son trône, pour s’humilier iusques aux pieds des pauures, sçachant que Dieu les a rendus gardiens & depositaires de toutes les Courones de la gloire, & c’ét là où elle en fait vne heureuse conqueste, comme d’vn bien que le temps ny la fortune ne luy sçauroient oster.

Combien de Reines dans le monde peuuent partager auec elle la courone de céte qualité Souueraine qu’elle porte; Mais on peut dire sans flaterie, que si elle a de compagnes de sa grandeur, elle en a si peu de son humilité, & consequemment de son merite, qu’on cherchera toûjours inutillement sa pareille icy bas.

On lit dans la vie de l'Empereur
Conſtantin, que s'eſtant vn iour en-
quis d'vn de ſes plus ſages Miniſtres,
par quel moyen il pourroit aſſeurer
ſa domination. Il luy reſpondit, qu'il
n'en ſçauoit point d'autre que celuy
de ne ſe méconoître iamais, & de rendre ſa raiſon auſſi abſoluë que ſon authorité. Veritablement la méconoiſ-
ſance de nous mémes fait tous nos crimes, puis qu'auec ce funeſte bandeau,
dont l'arrogance nous bande les yeux,
nous ſómes capables, & de tout ozer,
& de tout entreprendre au mépris
de ce qu'il y a de plus venerable icy
bas. Et c'ét cét aueuglement ſi conta-
gieux aux grands Monarques, qui fait
toutes les reuoltes de leurs peuples,
changeant leur ſeruitude en eſclauage
à force d'orgueil & de vanité.

Eſtre grand, dit Seneque, c'ét ſe me-
ſurer auec les plus petits, & aiuſter ſi
bien céte meſure que l'vne conuienne

à l'autre. A n'en mentir point il y à ſi peu de diference entre les grands du monde & les plus petits, hors de céte vaine pompe qui ſuit les vns, & qui fuit les autres, qu'à peine y puis-ie remarquer quelque inégalité. Ceux-là veritablement iouïſſent toûjours d'vn air temperé, comme étant à l'abry de la violance des faiſons ; mais quoy que ceux-cy y ſoient expoſez, le temps de ces orages s'écoule ſi viſte auec leur vie, que le plus ſouuent ils n'ont pas le loiſir de s'en plaindre. De ſorte que comme le calme des grands & l'orage des petits, ſe terminent également à la mort ineuitable de tous enſemble, le dernier inſtant de leur vie les rend ſi ſemblables en toutes choſes, que les intereſſez mémes qui en ſont iuges & témoins ſont forçez d'auoüer qu'il n'y a nulle ſorte de diference. Mais i'oſe dire auec Origene, que ſi les grands du monde ne ſe rabaiſſent du-

rant leur vie à la mesure des plus petits,
ils manquent en mourant & de lumiere & de loisir pour conoître les
raports, & les conuenances qu'il y
a de leur condition à celle des autres,
d'où il tire les conséquences de leur
mal-heur.

On remarque dans l'Histoire des
Roys d'Angleterre, que Canut vn des
plus Sages Monarques de son siecle, ne
pouuant souffrir la flaterie de ses Cour-
tisans qui s'efforçoient de luy persuader qu'il étoit Roy de la mer, se fit
porter vn iour sur le riuage, où apres
auoir commandé inutilement aux
flots de s'arréter, & de n'auancer pas
plus auant, ses flateurs furent contrains en changeant de langage d'a-
uoüer auec luy que Dieu seul pouuoit
porter iustement ce titre de Roy de la
mer, aussi bien que de la terre, puis
que du seul vent de sa parole, l'vn &
l'autre auoient été créez.

Confiderez comme l'humilité de ce Sage Prince, dans la confeſſion publique, & de ſa foibleſſe & de ſon impuiſſance a rendu ſon nom ſi venerable aux ſiecles à venir, qu'il peut porter ce titre de Grand auec beaucoup plus de juſtice qu'Alexandre, puis que celuy-cy en s'éleuant au deſſus de ſa condition mortelle & periſſable ne nous a laiſſé qu'vn faux bruit de ſa renomée, & que celuy là en ſe rabaiſſant au deſſous des loüanges que la flaterie luy donnoit, a treuué l'art d'éternifer la memoire de ſes iours pour ſuruiure à ſoy meſme.

L'arrogance prodigieuſe de Nabucodonoſor & ſon aneantiſſement effroyable font voir à découuert que l'homme ambitieux prend la meſure en s'éleuant au deſſus de ſa portée, de la profondeur du precipice, où ſa cheûte inéuitable le doit faire abymer. Ce mal-heureux Prince, apres auoir

d'érobé

dérobé l'encens iusques sur l'Autel
du Seigneur, pour s'en aproprier l'offrande, fait de sa statuë vne nouuelle
Idole ; comme s'il vouloit écheler le
Ciel par les monceaux de terre dont
elle est formée : Mais voyez le reuers épouuantable de céte medale de
vanité. Nabucodonofor est precipité
de son trône au fonds d'vn estable où
il paît le foin auec les bestes brutes, &
sa statuë si venerable à tout le monde, est renuersée à terre à la veuë de
ses idolatres, par l'effort d'vne petite
pierre qui décend d'vne montagne,
ou plutôt par vn coup de foudre que
la Iustice diuine lance sur ce coloffe
d'orgueil pour le reduire en cendres.

Ce qui nous doit faire sensiblement
conoître que l'Humilité seule peut
écheler le Ciel, puis que Dieu méme
à qui il apartient en propre n'y a voulu
monter que par l'échele de sa Croix,
comme vn degré tout couuert & de

E e

honte, & d'infamie. De moy ie veux
croire que nos ames ne font tirées du
neant que pour leur faire conferuer la
memoire de leur origine, dans toutes
les penfées d'orgueil & de vanité qu'elles peuuent conceuoir comme vn
obiet capable de rabaiffer leur vol trop
hautain, & leur faire prendre vne vi-
fée proportionée en quelque forte à la
verité de leur creation.

La refponce que fit Archidamus
Roy de Sparte à Philipes Roy de Macedoine, apres la bataille de Cheronée,
qui luy foûmit toute la Grece, me paroît admirable. Quand il luy dit que
fa nouuelle victoire auoit beau éten-
dre les limites de fon Empire auffi
loing que fon ambition les auoit déja
marquées, fon corps ne feroit pas plus
d'ombre qu'à l'ordinaire ; comme s'il
eût voulu luy faire conoître que de
toute la terre qu'il auoit conquife, il
n'en pouuoit acroître la mefure de

sept pieds qui luy étoit destinée pour
son tombeau.

La Fortune nous a beau éleuer sur
le plus haut trône de ses grandeurs;
nous portons toûjours auec nous la
mesure de nôtre petitesse, & céte mesure ne se peut iamais alonger. Ie veux
que par vn effort de vanité, l'ambition
porte nôtre esprit iusques au dessus
des nuës; c'ét vn esclaue qui fait en son-
ge des desseins d'vne grande conqué-
te, puis qu'à son réueil il se treuue en-
chaisné dans des fers qui ne se peuuent
rompre. Courons de méme dans les
longs espaces de la terre, aussi loing que
nous voudrons; nous ne faisons que le
tour d'vn cercle, dont le centre marque nôtre tombeau.

Souuenez-vous que vous estes homme, disoit tous les matins vn Page à
Philipes de Macedoine, parce qu'il ne
s'en souuenoit pas le soir; & c'ét cét
oubly de nôtre condition mortelle,

qui par vn charme de vanité change la glace de tous nos miroirs, à fin qu'ils nous reprefentent tels que nous fommes dans nôtre idée, plutôt que dans la verité.

Ie feray vn trône de mon neant, difoit S. Edmond Roy d'Angleterre, pour le mettre à l'abry des fecouffes du temps & des orages de la Fortune. Ie me couuriray, dit-il, encore de l'herbe des prés, au bruit des foudres de la Iuftice diuine. Remarquez l'induftrie de fon humilité, comme il fçauoit que tout le monde fouloit l'herbe des champs, il fe vouloit cacher fous fon ombre, pour n'étre pas aperçeu du Seigneur aux iours de fa vengeance.

Il n'ét point de cholere que l'Humilité ne defarme, & quelque iufte que foit fon reffentiment, elle paffe de la juftice à la tyrannie, fi elle ne modere fa fureur deuant vn cœur humilié, Alexandre le plus ambitieux des

hommes, ne portoit des chaiſnes que
pour aſſujettir les rebelles : il ne com-
batoit que pour la conqueſte des
cœurs, plutôt que des Empires, tous
ceux qui ne luy reſiſtoient pas, triom-
phoient de luy : mais toutesfois ſon
ambition, quelque grande qu'elle fut,
donna de l'interuale à céte fiévre de
Lion dont il étoit ataint pour luy laiſ-
fer le loiſir de ſe conoître en ſe mirant
dans ſon ſang ; car ce fut ce funeſte miroir qui le repreſenta tout entier à ſoy-
méme, & qui le força de confeſſer que
ſa renommée ſeule pouuoit pretendre
à l'immortalité, puis qu'il étoit ſujet à
la mort, comme le moindre de ſes eſclaues.

Les Roys ne nous paroiſſent grands,
dit Seneque, qu'à la meſure qu'ils s'a-
prochent de nous, parce que comme
il y a toûjours vne grande diſtance de
leur condition Souueraine à la nôtre
ſeruile, la moindre démarche qu'ils

E e iij

font hors de leur trône, les éleue ſi
haut en nôtre eſtime, en les abaiſſant à
nos yeux, que leurs majeſtez ſont les
objets de nôtre continuelle admiration, auſſi bien que de nos reſpeⅽts ordinaires.

Iugez maintenant ſi nôtre Auguſte
Reyne doit paraître grande aux yeux
de toute la terre, puis qu'elle décend
à toute heure de ſon trône , ie ne dis
pas iuſques à nous, par vn ſentiment
d'Humilité, mais iuſques dans les cachots, par vn genereux mépris de céte
éclatante Majeſté qui l'enuironne.
Quelle merueille qu'vne Princeſſe
qui voit tout le monde enſemble au
deſſous d'elle, & Dieu ſeul au deſſus,
ſe meſure tous les iours auec ſon ombre pour marquer dans ſon étenduë
l'eſpace où ſon corps doit étre enſeue-
ly. On a beau la chercher dans ſon Palais Royal, les Cloiſtres, les Hoſpitaux, & les priſons ſont les lieux de ſa

demeure; & i'ofe foûtenir encore auec
la voix publique que fon Louure a
moins d'apas pour elle, mais remarquez en la raifon.

Céte Princeffe s'eft fi fort acoûtu-
mée dés fon enfance à pratiquer céte
vertu d'Humilité, qu'elle fuit tous les
lieux où fa grandeur peut étre en lu-
ftre, & fe laiffant emporter aux fentimens de céte heureufe habitude, &
de céte noble inclination, elle ne cherche que les Hofpitaux & les prifons
pour y refpirer à fon aife, l'air d'vne
nouuelle vie inconuë au monde, agrea-
be à Dieu, & vtile à fon prochain. C'ét
la penfée de S. Paul, que tous ceux
qui cherchent hors de la Croix l'honeur du monde n'en ont à la fin que la
honte & l'infamie.

Si l'homme ne s'affermit dans fon
neant, comme la fource & l'origine de
fon étre animé, toute fa grandeur n'ét
que fumée, puis qu'il faut neceffaire-

ment qu'il foit femé en pourriture pour refufciter en gloire.

Que feroit-ce des Roys, fi le vain honeur du monde étoit leur partage:car côme les Courones qu'ils portent fur la tefte tombent auec elle, & que leur Sceptre fuit le méme fort de la main qui le tient, quel auantage leur refteroit-il en mourant de toutes leurs grandeurs paffées, fi leur éclat n'auoit feruy qu'à les éblouïr durant leur vie?

L'experience nous fait voir que les rayons du Soleil rendent la terre feconde & en fleurs & en fruits par la feule influence de chaleur qu'ils repandent fur fa furface, & que communiquant céte méme Vertu iufques dans fon fein ils y produifent les mines d'or & d'argent dont la richeffe eft hors d'eftime.

De méme puis-je dire, fuiuant la penfée d'vn Pere de l'Eglife, que le
Soleil

Soleil de la grace faifant éclater fes
premiers rayons dans vne ame , nou-
uellement detachée des vanitez du
monde, on voit d'abort fa fecondité
en la production des œuures charitables qu'elle met en pratique , & que
ces mémes rayons portant leur clarté
jufques au fonds d'vn cœur parfaitement humilié , ils y produifent les trefors de l'abondance ; comme étant
remply de toutes les felicitez qu'on
peut fouhaiter.

Et c'eft de ce pretieux trefor dont
nôtre Augufte Reyne a fait vne heureufe conquefte , auec la feule induftrie de fon humilité. Ie veux que la
nature l'ait comblée dans fon berceau
de toutes les richeffes du monde. Le
mépris qu'elle en fait luy donne la
jouyffance d'autres biens , qui feront
toûjours hors de prix & qui n'auront
jamais d'exemple: Et ce font ces biens
que le Soleil de la grace produit dans
F f

fon ame, comme humiliée iufques au neant de fa creation, par la penfée continuelle qui luy en demeure.

L'Humilité, dit S. Auguftin, eft l'image parfaite de la beatitude: car comme les efprits humbles, de mémes que les Bien-heureux fe treuuent remplis dans leur repos de toute forte de felicitez, l'efperance leur eft incônuë n'ayant rien à fouhaiter, auffi bien que la crainte, étant à l'abry des coups de la fortune: de forte qu'ils jouyffent dans leur baffeffe, comme dans leur centre, de tous les biens qu'on fçauroit s'imaginer.

D'où vient que l'Humilité eft apelée le trefor de la magnificence du Ciel, comme étant cét abyme furnaturel, & ce vuide volontaire de la creature fous-mife, que Dieu comble de la plenitude des vertus. Et c'eft ce vuide que l'Humilité de nôtre grande Princeffe produit dans fon

cœur, pour eſtre remply de Dieu méme, puis qu'il ne repoſe que dans les
cœurs humbles, ſuiuant l'oracle de
ſon eſprit diuin.

On remarque dans l'Ecriture que
l'humilité de la Vierge a eſté le ſujet de
tous les eloges qu'on luy a donnez. Ce
n'eſt pas qu'elle ne fut remplie de toute ſorte de vertus étant pleine de Grace; mais côme ſon humilité auoit céte
prerogatiue par deſſus toutes ſes autres perfections d'attirer ſur elle les regards du Tout-puiſſant, le Ciel & la
Terre, ie veux dire les Anges & les
hommes ne la conſideroient que par
céte vertu, puis qu'elle ſeule l'auoit renduë mere de leur commun Createur.

Ie vous diray auſſi maintenant que
toutes les qualitez de nôtre digne
Princeſſe, quelques éminentes qu'elles puiſſent eſtre, perdent beaucoup
de leur éclat dans la comparaiſon de
ſon humilité; comme étant la baſe &

le fondement de toutes ſes vertus enſemble.

Que peut-on voir de ſi admirable
en la nature qu'vne des plus grandes
Reynes de la terre, rabaiſſée de cœur
& d'eſprit au deſſous du moindre de
ſes ſujets, & c'eſt cét abaiſſement qui
fait aujourd'huy toute ſa gloire, puis
que ſon Humilité eſt la ſeule meſure
de ſa grandeur. I'irois plus auant ſi
céte méme vertu dont i'admire la perfection ne m'otoit la plume des mains
pour m'impoſer vn eternel ſilence:
toutesfois ie veux croire qu'il ſera plus
éloquent que moy pour vous exprimer ce que i'aurois encore à vous dire.

SA PRVDENCE.

CHAPITRE XII.

SI la Prudence eſt vne Vertu toute de lumiere, comme dit Ariſtote, comment arreteray-je les yeux ſur elle dans l'éclat qui l'enuirone, pour vous en repreſenter la beauté auec le dernier trait de ce Tableau? Toutesfois puis que ſa clarté en éblouiſſant les ſens illumine les eſprits, le mien éclairé en la cônoiſſance de céte vertu par elle-méme, vous en depeindra vne parfaite image ; Mais comme en ce deſſein les paroles auront beaucoup moins de pouuoir que les actions. Celle de nôtre Augufte Reyne animée de la Prudence de tous les Sages du fiecle, executeront tout ce que ie propofe, dans le recit que ie vous en feray.

Philon parlant de la Prudence l'apele l'etoille de l'ame, où elle brille comme fur fon firmament, & Saint Chrifoftome fuiuant la même penfée dit, que s'en eft le flambeau, dont la lumiere par vne vertu toute diuine nous fait voir clair le plus fouuent dans l'obfcurité de l'auenir : D'où vient qu'vn hôme prudent marche toûjours d'vn pied ferme dans la carriere de fa vie, quelque raboteufe qu'elle puiffe eftre, par ce qu'il ne marche jamais de nuit comme étant fans ceffe éclairé du iour que céte vertu produit dans fa pratique.

Saint Auguftin dit, que c'eft vne cônoiffance des chofes que nous

deuons defirer , & de celles que nous
fommes obligez de fuir ? & comme
céte cônoiffance n'eft qu'vne lumiere
on ne ſçauroit eftre prudent fans
auoir l'efprit éclairé ou de la grace,
ou de la nature au deffus du commun.
Ariftote l'apelle vne habitude, laquelle tirée par raifon des chofes muables,
rend l'entendement promt & habile
à cônoitre ce qui eft bon.

D'où vient que les Egyptiens repre-
fentoient céte Vertu dans leurs Hie-
rogliphiques par vn Sceptre auec vn
œil au milieu, pour nous temoigner
que fa puiffance & fon autorité, n'é-
toient point abfoluës , aueuglement,
puis qu'elles agiffoient toûjours par
connoîffance auffi bien que par raifon.

Et c'eft céte lumiere qui éclate viuemét en toutes les actions de nôtre Augufte Reyne ; comme la plus fage, & la
plus prudente qui fut jamais. Le Sceptre de fa fouueraineté independente

étant éclairé d'vne lumiere de grace, auſſi bien que de nature, elle nous fait voir qu'elle ne veut eſtre abſoluë, ſur nous, que pour nous faire obeir à la raiſon, apres nous l'auoir perſuadé par ſon exemple.

Certes tous ceux qui ont eſté temoins de ſa vie cachée & inconnue, durant ſon premier Regne, ſont contraints de publier en violant la foy du ſecret qu'ils auoient promis de luy garder, que la moindre de ſes actions pouuoit ſeruir de leçon à inſtruire les plus ſages du ſiecle. Car ſoit qu'on ait remarqué ſa conduite, dans les malheurs qui l'ont acueillie, ou ſon ſilence dans les aflictions, dont ſon cœur a eſté viuement ateint : ſoit qu'on ait conſideré la grandeur de ſon courage, en oubliant ſa puiſſance, en faueur de ſes ennemis, ou l'excez de ſa patience, dans la reſolution de la rendre eternelle. Tout cela enſemble force l'enuie à confeffer hautement que la Prudence méme auec fon Compas, ne nous fçauroit iamais montrer les reigles d'vne vie plus glorieufe.

Il eft fort aizé, dit Seneque, de coure hardiment dans vne carriere, dont le chemin n'eft point raboteux, mais fi peu de pierres qu'on y rencontre, il faut que la Prudence, comme vn flambeau toûjours allumé, nous éclaire continuellement pour n'y broncher pas: On peut dire le méme du Pilote, qu'il peut facilement durant le calme gouuerner fa nauire; Mais au moindre orage, qui le vient accueillir, il a befoin de toute fon experience, pour euiter le naufrage dont il eft menacé.

Que fi la Sageffe de nôtre grande Reyne a paru auec éclat, ce n'a pas efté en marchant toûjours fur des rofes dans le chemin de fa courfe, mais plutôt fur des épines, dont les pointes quelques aiguës qu'elles fuffent n'ont

G g

jamais fceu luy faire changer de vifage , bien loin de donner quelque attainte à fon efprit, en la forçant de fe
plaindre. Et c'eft en la rencontre de
ces épines; que la Prudence de nôtre
digne Princeffe s'eft renduë admirable, fuiuant toûjours d'vn méme pas,
le penible chemin de fa carriere, fans
auoir iamais bronché. C'eft dans l'o-
rage dis-je, & dans la tempefte, que fa
conduite a donné de la jaloufie aux
plus fages du monde, puis que d'vne
induftrie toute nouuelle elle a furgy
heureufement au port.

Ariftote nous affure que toutes les
Vertus font des confeils fugerés par
eux. Ce qui me fait croire que la Prudence en eft l'oracle , puis qu'elle y
prefide. Et ie remarque fur ce fujet
que dans la Sainte Ecriture , le San-
étuaire, où la gloire de Dieu habitoit,
s'apelloit la maifon du confeil. En effet
c'eftoit l'Autel facré, où la Sageffe

Eternelle receuoit continuellement
l'offrande de ſes creatures. Mais ceux
qui expliquent le paſſage du Leuiti-
que , où Dieu ordonne à ſon Peuple
de luy faire toutes ſes oblations auec
du ſel , remarquent , que comme c'eſt
le Symbole de la Prudence , il vouloit
que céte vertu fut la reigle de leurs
preſens , pour les luy rendre agreables.
Ce qui a obligé ſans doute Platon à
ſoûtenir que le ſel étoit l'amy des
Dieux immortels , nous voulant temoigner que comme le ſel donne la ſa·
ueur à toute ſorte de viandes , la Prudence donne de méme le poids , & la
meſure à toutes nos actions.

Seneque apelle la Prudence la maitreſſe des Vertus , puis qu'auec ſon
compas elle donne l'ordre & impoſe
ſes Loix dans l'Empire des autres , ce
n'eſt pas qu'elles ne ſoient liées enſemble , mais celle-cy marchant la premiere , & portant toûjours le flam-

beau à la main, fert de guide à celles-là, & leur marque le chemin qu'elles doiuent tenir pour s'élogner des
extrémitez.

Dion Chrifoftome a dit que céte
Medée des Anciens qui enfeigna à Ia-
fon l'induftrie de furmonter le Dra-
gon, n'eftoit autre chofe que la Prudence, comme s'il vouloit nous faire
connoitre que la force de céte vertu
eft inuincible, puis qu'auec elle nous
pouuons dénoüer ce neud gordien qui
fe trouue dans les affaires les plus diffi-
ciles. Les confeils du Sage, dit Seneque,
fe font iour par tout, par ce qu'ils le
portent auec eux, étant éclairez de la
Prudence, qui ne marche iamais fans
flambeau.

Certes vn homme Sage, fuiuant la
penfée d'Ariftote, eft vn homme extraordinaire & tout nouueau, comme
ayãt quelque chofe en foy de diuin, qui
le fepare & qui le diftingue des autres:

Et ie m'étône que la Grece ait eu la vanité d'en recônoitre sept, puis que l'O-
racle n'en a aduoüé qu'vn. Ce n'eſt pas
l'ouurage ordinaire de la Nature, les
ſiecles trauaillent inutilement auec elle
pour nous en faire voir l'original, on
ne treuue plus que des copies, dont le
deffaut marque l'impuiſſance des ou-
uriers.

Ce qui rend aujour-d'huy nôtre Auguſte Reyne d'autant plus admirable
dans les actions de ſa Prudence, qu'elles ne trouuent point d'exemple icy
bas. La Nature a beau faire naître de
ſiecle en ſiecle des Princeſſes de diferentes nations, & leur donner même
des qualitez dignes de la Couronne de
nôtre Empire : Vne ſeule A N N E
D'A V S T R I C H E peut porter
dans l'Hiſtoire la qualité de Reyne de
France auec tant de Iuſtice, qu'elle ne
partagera jamais auec celles qui l'ont
deuancée, & qui viendront apres-elle,

G g iij

la gloire dont ſes vertus la comblent
tous les jours. Ce n'eſt pas que le Trône de nos Fleurs de Lis n'aît été remply d'vn grand nombre de Princeſſes,
auſſi conſiderables par leur merite,
que par leur naiſſance , mais il faut
auoüer pourtant que nôtre grande
Reyne a des qualitez qui ne ſe treuuent qu'en elle ſeule. Ie veux que Clo-
tilde ait éterniſé ſa memoire par celle
de ſa Pieté : Que Conſtance ſe ſoit faite
admirer de tous les peuples par ſa
Iuſtice, Que Galiene ait merité mille
eloges par ſa Clemence, Qu'Emengar-
de ait obligé ſes ennemis méme à publier ſa Bonté : Que Marie femme de
Philipe troiſiéme ait porté le ſurnom
de la plus Liberale du monde : Que
Mathilde Niepce de l'Empereur Henry premier ait obligé tous ſes enuieux
à publier hautement ſa Magnanimité :
Que Iudith femme de Louis le De-
bonaire ait immortaliſé ſon renom

par sa Patience : Qu'Anne premiere
du Nom ait merité l'aprobation de
son siecle, pour sa Temperance , Que
Blanche de Castille ait emporté céte
gloire dans le tombeau en dépit de
l'enuie, d'auoir été la plus chaste Princesse du monde : Qu'Eleonor d'Espagne seur de Charles-Quint ait été
grandement estimée pour sa Modestie. Qu'Isabelle d'Austriche ait eu
l'auantage sans dispute, sur celles qui
l'auoient deuancée, d'auoir été egalement & la plus grande , & la plus
Humble de son sexe; Et que Louise de
Lorraine ait acquise céte gloire en
mourant d'auoir été vne des plus Sages Princesses qui fut iamais.

Nostre Auguste Reyne possede seule
toutes ces Vertus ensemble : Car si
vous voulez de nouuelles preuues de
sa Pieté, vous pouuez voir par auance
dans l'employ d'vne de ses iournées
tout le cours de sa vie, en la parfaite

pratique de céte diuine Vertu, par ce
que comme elle en a contracté les habitudes, dés le moment qu'elle a été
capable de raiſon, elle fait en cela tous
les iours, ce qu'elle doit faire tout le
reſte de ſa vie;

Si vous cherchez encore des temoins de ſa Iuſtice, tous les innocens
opreſſez qu'elle a rétablis, & dans
leur honneur, & dans leurs biens,
ſont autant de voix qui en publient
aujourd'huy la verité dans toute l'Europe. Si vous doutez de ſa Clemence
les faueurs & les graces qu'elle acorde
tous les jours à ſes ennemis, detrui-
ront vôtre doute. Si ſa Bonté vous eſt
inconnuë, quoy que toute la Terre ſoit
remplie de ſon bruit, & que ſes peuples en ayent tiré mille fois d'vtiles
experiences, conſiderez ſes actions,
& vous ne viurez plus dans céte mé-
connoiſſance. De n'adiouſter pas foy
aux aſſeurances que tout le monde

vous donnera de fa liberalité, vôtre incredulité ne feroit point excufable, puis qu'au befoin vous en pouuez faire à toute heure l'effay. Sa Magnanimité s'eft faite admirer fi fouuent par la grandeur de fon courage, dans fes diuers mal-heurs, que vous eftes forcez de croire qu'elle eft fans pareille. Sa Patience a paru fi extréme que fon feul exemple ayant eu le pouuoir de confoler les plus affligez : elle en aura affez encore pour vous perfuader qu'on n'en verra iamais de femblable. Sa Temperance étant aujour-d'huy l'objet de nôtre continuelle admiraion : elle vous oblige à eftimer fon merite au lieu d'en conceuoir quelque doute. Sa Chafteté s'eftant renduë digne de toutes les loüanges qu'on luy pouuoit donner auec Iuftice, elle vous force à confeffer auec la voix publique qu'elle eft tout à la fois, & la merueille de nôtre fiecle, & l'ornemét de fõ fexe.

H h

Sa Modeſtie ſeruant de miroir à céte vertu méme pour ſe contempler
à tous momens, vous deuez eſtre plus
diſpoſez à connoiſtre ſes perfeƈtions
qu'à vous en enquerir. Son Humilité
la faiſant tous les iours décendre du
trône de ſes grandeurs iuſques dans les
cachots, pour yiſiter les priſonniers, à
tant d'admirateurs, qu'il faut de neceſſité que vous ſoyez du nombre. Et
ſa Prudence digne de toute la gloire
que les plus ſages du monde ont meri-
tée, vous conuaincroit de malice, ſi
vous ne publiez auec l'Enuie méme
qu'elle eſt hors de comparaiſon.

Ce qui nous oblige de croire que
toutes ſes aƈtiós de Pieté, de Iuſtice, de
Clemence, de Bonté, de Liberalité, de
Magnanimité, de Patience, de Temperance, de Chaſteté, de Modeſtie,
d'Humilité, & de Prudence, ſont les
oracles que nous deuós conſulter aujour-d'huy, pour aprendre le ſuccez, &

de nos veux, & de nos efperances. Et ce
font elles auffi qui nous promettent
vne heureufe paix, apres auoir obtenu
du Ciel ce miraculeux Daufin, ce ieune Roy triomphant qui la doit rendre
eternelle.

Que la Mere d'Augufte fe dife
mere du monde pour auoir porté
dans fes entrailles, celuy qui s'en eftoit
rendu le Maiftre : Nôtre grande Princeffe fe côtente aujourd'huy de porter
ce feul titre de Protectrice de l'Europe, employant tous fes foins à la mettre en repos, pour le foulagement de
fes peuples. Elle veut eftre fa Tutrice
auffi bien que fa Reyne, & d'vn zele
charitable, luy conferuer la liberté que
nôtre Iufte L o v i s luy auoit aquife auec tant de foin. Quelle aparence
qui Dieu refufe à fes prieres, céte paix
qui fait aujour-d'huy les veux de toute l'Europe.

Si la pieufe Anne vit le fuccez de fes
H h ij

prieres, par ſa feconde ſterilité, comme Mere de Samuel : N'auons nous
pas ſujet de croire que la Pieté de nôtre
Auguſte Reyne, ayant obtenu du Ciel
nôtre miraculeux Lovis : Elle meſme
nous fera voir bien-tôt la fin de nos
mal-heurs, par la fin de la guerre. Si le
Iuſte Noé eut la puiſſance d'apaiſer la
cholere de Dieu ; ne deuons nous pas
eſperer que la Iuſtice de nôtre grande Princeſſe n'aura pas moins de vertu
pour moderer ſa vengeance en la punition de nos crimes ? Si le Clement
Dauid eut le bon-heur de voir tous ſes
vœux exaucez dans la victoire qu'il
remporta contre ſes ennemis ; N'eſt-il
pas croyable que la Clemence de nôtre
digne Reyne, couronnera d'vn fauo-
rable ſuccez toutes ſes entrepriſes?
Si le Bon Moïſe attira mille ſortes de
benedictions ſur les Iſraëlites, durant
les longues années de leur captiuité ;
quelles graces ne pouuons nous atten-

dre de la Bonté de nôtre Augufte
Reyne, dans les alarmes où le mal heur
du temps nous tient continuellement.
Si le Liberal Abraham obtint la benediction fur tous fes peuples, en faueur
de fa Pofterité ? quelle raifon n'a-t'on
pas pour fe perfuader que la liberalité
de nôtre grande Princeffe comblera
fes fujets de toute forte de biens. Si le
Magnanime Machabée fut affifté de
Dieu pour dompter l'orgueil du Tyran qui le vouloit opreffer; N'eft-il pas
croyable que la Magnanimité de nôtre digne Reyne intereffera le Ciel à la
protection de fon peuple, pour triompher de fes ennemis ? Si le Patient Iob
merita le reftabliffement de fa premiere fortune, apres tant de mal-heurs; Ne
peut-on pas fe perfuader que la Patience de nôtre grande Princeffe a jetté
des folides fondemens des felicitez
dont elle jouit. Si le Temperant Daniel eut la force de dompter la ferocité

Hh iij

des Lions, qui peut douter que la Temperance de nôtre Augufte Princeffe n'ait le pouuoir de la rédre victorieufe de cét Hydre de rebellion, qu'on voit paraître fi fouuent fur les terres de fon obeïffance? Si la Chafte Iudith eut l'induftrie de garantir les Betuliens du funefte danger, dont ils étoient enuironnez? n'auons nous pas raifon de croire, que la Chafteté de nôtre grande Princeffe aura la vertu de nous preferuer des malheurs, dont la guerre nous menace ? Si la Modefte Efther fauua les Iuifs en faifant perdre fon ennemy? ne deuons nous pas étre perfuadez, que la Modeftie de nôtre digne Reyne n'aura pas moins de puiffance pour proteger fes fujets, & ruïner ceux qui les attaquent? Si l'Humble Iacob fut fauorifé du Ciel en la confirmation de céte Benediction qui auoit eté promife à fes Ancétres ? ne deuons nous pas étre affurez que l'Humilité de nôtre

Augufte Princeffe attirera de nouueau
fur la France, les mémes graces, dont
Dieu a pris plaifir autresfois de la combler. Et enfin fi la Prudente Ebora
donna la Paix à fon peuple, apres
auoir triomphé des Cananéens : Faifons des feux de joye dans la fenfible
efperance qui nous demeure, que la
Prudence de nôtre grandeReyne, éta-
blira fi folidement nôtre repos fur la
ruïne de tous ceux qui l'ont voulu
troubler, que la Iuftice & la Paix re-
gneront d'ores en auant auec Elle, fur
toutes les terres de fon obeïffance,
pour nous faire goûter parmy les
douceurs de fon Empire, celles d'vn
fiecle d'or.

On remarque dans l'Ecriture que la
Reyne de Saba trauerfa la plus grande
partie de la terre pour voir Salomon
dans fon Empire, & la fageffe dans
fon Trône.

Que fi céte fameufe Princeffe voulut prendre tant de peine pour admirer céte feule vertu en ce puiffant Monarque ? Quels foins ne doiuent point auoir aujourd'huy tous les Roys de la Terre pour venir contempler en nôtre grande Reyne, ie ne dis pas feulement fa Prudence incomparable, mais fa Pieté extraordinaire, fa Iuftice incorruptible, fa Clemence inimitable, fa Bonté merueilleufe , fa Liberalité admirable, fa Magnanimité heroïque, fa Patience merueilleufe , fa Temperance inouye, fa Chafteté adorable, fa Modeftie vrayment Royalle & fon Humilité toute parfaite.

Mais de quels ombrages releueray-je maintenant le dernier trait de ce Tableau, fi le deffaut de mon induftrie rend inutiles les couleurs qui me reftent & les pinceaux dont ie me fers? Mon efprit étõné, & mon imaginatiõ troublée m'ôtent la liberté de paffer plus auant, ie ne fçay plus où i'en fuis:

Que

Que si dans cét ouurage i'ay represen-
té ma temerité & mon ignorance, plutôt que le merite, & la vertu de nôtre
grande Reyne, ie n'en fay point d'ex-
cuse, puis que tous ceux qui auront le
méme dessein, fairont la méme faute.
I'ay connu d'abort mon incapacité
aussi bien que mon impuissance; mais
comme ces defauts me seront toûjours communs auec les plus grands
esprits du monde, toutes les fois qu'ils
prendront la plume apres moy, il sufit
que mon zele soit plus considerable
que mon audace : Tous ceux qui con-
noîtront mon intention ne blâmeront
jamais mon entreprise.

FIN.

Extrait du Priuilege du Roy.

LE Roy par ses lettres de Priuilege données à Paris, le 22. iour de Nouembre 1643. Signées SAVLGIER, & scellées du grand sceau, a permis au Sieur de la Serre Historiographe de France, de faire imprimer, vendre & distribuer, par tel Imprimeur & Libraire que bon luy semblera vn Liure intitulé *Le Portrait de la Reyne*, faisant deffences à tous Imprimeurs, Libraires & autres, de quelque qualité & condition qu'ils soient d'imprimer ledit Liure, en vendre ny distribuer par tout le Royaume, pays & terres de son obeyssance, sans le consentement dudit Sieur de la Serre, ou de celuy qui aura droit de luy, pendant le temps de sept ans: sur peine aux contreuenans de confiscation des exemplaires, & de mil liures d'amande, despens, dommages & interests : Nonobstant Clameur de Haro, Chartre Normande, prise à partie & lettres à ce contraires. Comme il est plus amplement porté par l'original des presentes.

Ledit sieur de la Serre a cedé le Priuilege cy-dessus à Pierre Targa, Imprimeur ordinaire de l'Archeuesché de Paris, pour en jouyr par ledit Targa, ainsi qu'il est porté par l'Original, dont l'extrait est cy-dessus.

Les exemplaires ont esté fournis à la Bibliotheque du Roy, & à Monseigneur le Chancelier.

Acheué d'imprimer pour la premiere fois le 25. Iuillet 1644.

www.ingramcontent.com/pod-product-compliance
Ingram Content Group UK Ltd.
Pitfield, Milton Keynes, MK11 3LW, UK
UKHW021054220726
13924UKWH00005B/2098